Wir sind alle ferngesteuert

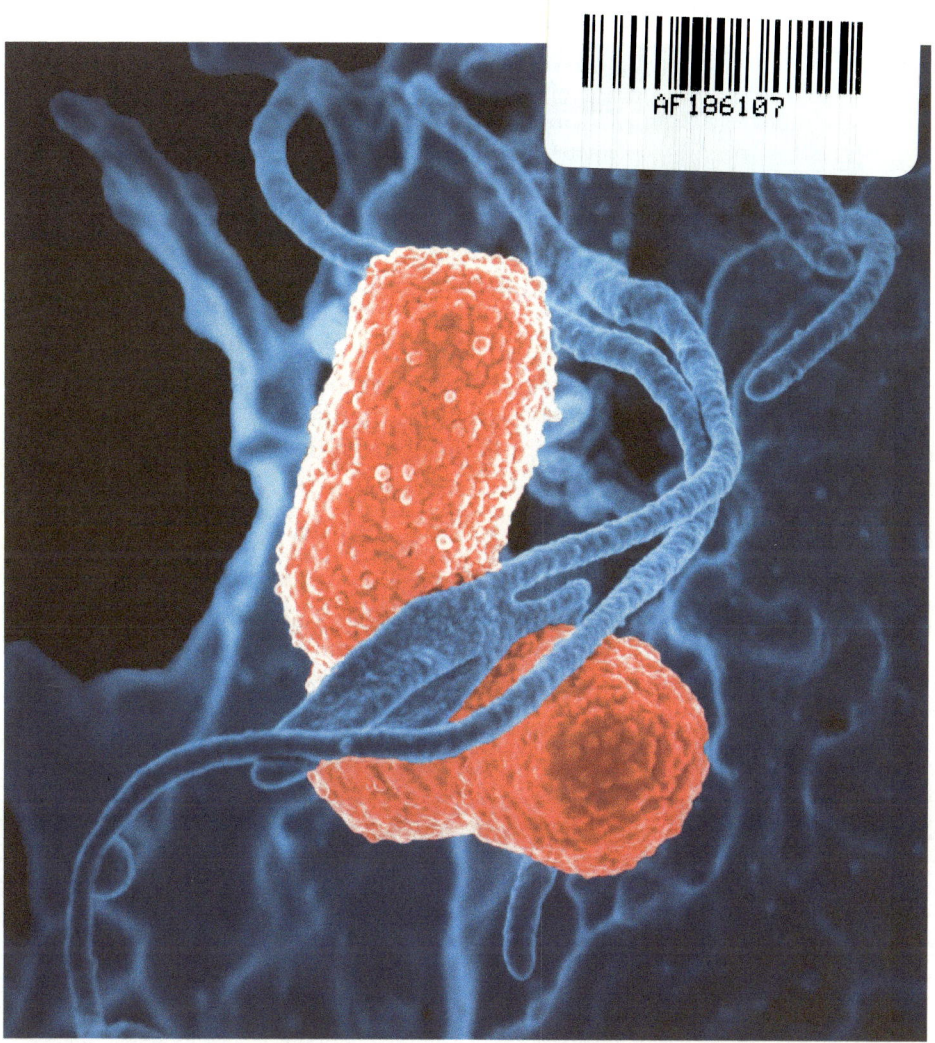

© 2019 Frank Krämer

Verlag und Druck: tredition GmbH, Halenreie 40-44, 22359 Hamburg

ISBN Paperback: 978-3-7497-3129-9
ISBN Hardcover: 978-3-7497-3130-5
ISBN e-Book: 978-3-7497-3131-2

Bibliografische Information der Deutschen Nationalbibliothek:
Die Deutsche Nationalbibliothek verzeichnet diese Publikation in der Deutschen Nationalbibliografie; detaillierte bibliografische Daten sind im Internet über http://dnb.d-nb.de abrufbar.

Inhalt

Das Buch befasst sich mit dem Menschen, der ja ca. 30 Billionen Zellen und 39 Billionen Bakterien besitzt. Die meisten dieser Bakterien sitzen im Darm. Da es tausende von Parasiten gibt, sitzen diese auch im Darm und im Rest des Körpers, z.B. im Gehirn. Die im Gehirn befindlichen Parasiten steuern unser Verhalten, Gewohnheiten und Gedanken. Eine von Parasiten infizierte Maus läßt sich von einer Katze fressen, da der Parasit die Angst vor der Katze nimmt. Auch kontrollieren Parasiten auf einer Fischzunge das Fressverhalten von Fischen. Warum treffen manche Politiker hochriskante Entscheidungen? Werden wir fremdgesteuert? Manche Parasiten sind uns nützlich und leben z.B. in einer Lebensgemeinschaft mit Quecksilber in unserem Gehirn, sie setzen sich schützend um das Quecksilber und ernähren sich davon. Andere Parasiten ernähren sich von Medikamentenrückständen und anderen Schadstoffen und Schwermetallen. Bakterien und Parasiten schwächen unseren Körper, wir werden krank, so krank dass wir sterben, das ist ja auch das Ziele der Parasiten. Über engen Kontakt (Unreinheit) mit Katzen und Hunden, versuchen die Parasiten in Hund und Katze alles parasitenmögliche zu tun, um diesen Wirt zu verlassen und in den Menschen einzudringen. Einmal eingedrungen heisst für den Parasit die Aufgabe, solange den menschlichen Körper mit allen möglichen Krankheiten zu zerstören bis es baldmöglichst stirbt. Die heutige Medizin wird sich komplett auf eine Mikromedizin umstellen müssen. Parasiten verursachen Krankheiten wie Demenz, Alzheimer, Schizophrenie und natürlich Leber- und Nierenschäden, Herzkrankheiten und alle anderen. Heilung durch probiotische Bakterien: Probiotische Bakterien sind lebende Mikroorganismen, die einen gesundheitlichen Vorteil bringen, wenn sie in ausreichender Menge in unseren Körper gelangen, das gleiche gilt für die ca. 2000 verschiedenen Parasiten, auch probiotische Parasiten können heilend und gezielt eingesetzt werden.

Anstatt zu operieren und Medikamente zu verschreiben, müssen wir Forschung mit Bakterien und Parasiten vorantreiben was die heutige Medizin-und Pharmaindustrie komplett umkrempelt.

Dieses Buch beinhaltet folgende Kapitel

Kapitel 1
Was verstehen wir unter den Kleinstlebewesen wie Bakterien, Viren, Parasiten und anderen?

Kapitel 2
Wie steuern uns Bakterien, Viren und Parasiten?

Kapitel 3
Wie kommunizieren Kleinstlebewesen mit dem Rest der Welt, anderen Menschen und anderen Planeten?

Kapitel 4
Wie können wir uns uns vor einem frühzeitigen Tod und Krankheit durch Bakterien und Viren schützen?

Kapitel 5
Wie können wir mit Bakterien und Parasiten leben? Wie muss sich unsere Industrie ändern, damit wir lange und ohne Krankheiten leben?

Über den Autor

Frank Krämer wurde 1962 in Duisburg als Sohn eines Thyssen Facharbeiters und einer Mutter als Verkäuferin geboren. Er war 2 mal verheiratet und hat 3 Kinder, darunter eins aus Indonesien und dort lebend. Nach Abschluss seines Hauptschulabschlusses hat er eine Lehre bei der Firma Thyssen als Rohrinstallateur erfolgreich abgeschlossen und anschließend noch 2 Jahre als Geselle an Hochöfen und Stahlschmelzen bei Thyssen gearbeitet. Seine mittlere Reife holte er nach der Zeit bei Thyssen in 1,5 Jahren, sowie sein Fachabitur in einem weiteren Jahr nach. Herr Krämer studierte anschliessend Energie- und Wärmetechnik in Gießen und konnte sein Studium erfolgreich nach 4,5 Jahren als Dipl.-Ing. abschliessen, sowie eine Beschreibung zur einfachen schlauchartigen Aussen Containerkühlung auf Schiffen in einem Buch veröffentlichen.Mit anschliessenden Arbeitsvertrag bei der Firma Siemens konnte Herr Krämer in knapp 2 Jahren ein 230 MW grosses Kohlekraftwerk im Saarland neu in Betrieb nehmen. Nach dieser Zeit ist er für die Firma RWE weitere 5 Jahre tätig gewesen und konnte in Kohlekraftwerken, Müllkraftwerken und Gasturbinenkraftwerken tätig sein. Parallel zu seiner RWE Tätigkeit verfügt Herr Krämer über zahlreiche Fachabschlüsse im Bereich der Wirtschaft, erworben an der Wirtschafts-Fachhochschule in Frankfurt. Seit 1995 verfolgt Herr Krämer seine eigenen Kraftwerksgeschäfte mit dem Kauf- und Verkauf, sowie der Überholung von Kraftwerksanlagen weltweit. Seine ehemaligen Firmen TUBA Turbine und Frank Krämer Power Solution sind nicht mehr auf dem Markt vertreten, da Herr Krämer sich im Jahre 2017 komplett neu und CO2 frei gegen schädliche Verbrennungsprozesse orientiert hat. Die seit dem Jahr 2006 bestehende TUBA, (www.tuba-ag.com) mit Sitz in Indonesien, wird in eine Aktiengesellschaft mit Sitz in Frankfurt am Main umgewandelt, dies ermöglicht allen Menschen auf der Welt den Kauf von eigenen TUBA Aktien einen sehr hohen Gewinnzuwachs in kürzester Zeit zu erhalten und um ein CO2 freies Gewissen zu haben und zur Erhaltung der Menschheit beitragen. Durch seine zahlreichen beruflichen Reisen und Kraftwerkstätigkeiten in den Yemen, Iran, Thailand, Malaysia, Indonesia, Dubai, Qatar, Saudi Arabia, Sierra Leone, etc. konnte er reichlich Menschenkenntnis und Erfahrungen sammeln, nicht nur bei seiner erfolgten Einladung beim König von Malaysia. Seit Sept. 2019 ist Herr Krämer Mitglied der FDP. An weiteren Entwicklungen arbeitet Herr Krämer mit TUBA im Moment auch an Auto-Klimaanlagen mit Peltierelementen, Plasmatechnologie mit Geothermalkraftwerken weltweit zur Stromerzeugung und umweltfreundlichen Müllentsorgung mit Plasmatechnik, sichere Entsorgung von Atomabfällen mit Plasma Bohrtechnik und Entsorgung der Atomabfälle ins Erdinnere und Ersatz aller Atomkraftwerks-Brennstäbe mit Plasma-Geothermal-Bohrtechnik und Nutzung der inneren Erdwärme, Herstellung und Verkauf von kostenlosen Strom und Trinkwasser (Grundrechte des Menschen) für alle Menschen auf der Welt, Weiterentwicklung von Wasserstoffautos bis hin zu Autos die nur mit Leitungswasser betrieben werden, freie Energiemotorenautos die ohne Treibstoff fahren, effektive und leichte, effektive umweltfreundliche Algenbatterien, freie Energie und Wasserstoff Mini Blockheizkraftwerke für Haushalte zur eigenen autarken kostenlosen Strom und Wärmeerzeugung, Entwicklung eines Stromspeichers über die Stromcloud zur kabellosen Verteilung und Bezug von kostenlosem Strom für alle Menschen auf der Welt, Einführung von Tesla Türmen zur kabellosen Stromübertragung, Anbau von Jatropha Bio Öl Pflanzen in Asien oder Saudi Arabien für die Begrünung der Wüsten und der eigenen Stromversorgung mit Stromgeneratoren für Entwicklungsländer und als Ersatztreibstoff für die umweltschädlichen, schwermetallbelasteten Kerosintreibstoffe in Flugzeugturbinen, Einführung von Keramikwerkstoffen in Gasturbinen zur wesentlichen Gewichtsersparnis und damit Treibstoffersparnis,

Vermarktung einer echten rauchfreien Zigarette und Entwicklung einer Zigarette für den Cannabiskonsum, Einführung von naturbelassenen, pestizid-und verpackungsfreien Nahrungsmitteln für jedermann bezahlbar, Einführung von natürlich hergestellten Medikamenten ohne Nebenwirkungen, Verbesserung der schlechten Trinkwasserqualität, Entwicklung eines neuen Verkehrssytemes für CO_2 freie Städte und Strassen, Reduzierung aller CO_2 Ausstösse nach dem Verursacherprinzip, Beratung für den neuen Häuserbau mit Steinen aus Wüstensand, Verlagerung von hunderten nicht mehr benötigter und gut erhaltener Kraftwerksanlagen von Europa nach Afrika zur Versorgung mit Strom für eine Übergangszeit bis zur neuen Einführung CO_2 freier Energieversorgung weltweit.

Kapitel 1

Was verstehen wir unter den Kleinstlebewesen wie Viren, Bakterien, Parasiten und anderen?

Der Mensch besitzt ca. 30 Billionen Zellen und 39 Billionen Bakterien. Die meisten davon leben im Darm und übernehmen dort wichtige Funktionen. Darmbakterien unterstützen die Verdauung und verhindern, dass sich andere krankmachende Bakterien im Darm ausbreiten. Die Billionen von Mikroorganismen in unserem Verdauungstrakt sind nicht bloß an der Verwertung unserer Nahrung beteiligt, sondern sie haben Einfluss auf wichtige Prozesse im Körper und entscheiden mit, ob wir gesund oder krank, dick oder dünn, zufrieden oder verstimmt sind. Ist das Immunsystem des Körpers geschwächt, breiten sich Bakterien im Körper aus und verursachen bakterielle Infektionen und Krankheiten. Bakterien leben nicht nur so einfach nebenher, sie kommunizieren miteinander. Bakterien sind keine Einzelkämpfer. Diese Mikroben kommunizieren miteinander und können dadurch verblüffende, hochkomplexe Arbeiten und Aufgaben durchführen. Entdeckt wurde die mikrobielle Kommunikation zunächst unter stark vereinfachten Bedingungen im Labor. So begannen Kulturen des Leuchtbakteriums Vibrio fischeri stets ab einer bestimmten Zelldichte zu leuchten. Diese Erkenntnis wurde offensichtlich als Beginn der Kommunikation, Quorum Sensing genannt, dargestellt. Als Quorum Sensing wird die Fähigkeit von Einzellern bezeichnet, über chemische Kommunikation die Zelldichte der Population messen zu können. Sie erlaubt den Zellen einer Suspension, bestimmte Gene nur dann zu aktivieren, wenn eine bestimmte Zelldichte über, oder unterschritten wird. Bakterien miteinander und mit menschlichen Zellen kommunizieren. Die dabei gewonnenen Erkenntnisse wie Bakterien miteinander kommunizieren, werden zukünftig helfen, Krankheitsursachen zu erkennen und komplett neue Therapien und Methoden zu entwickeln, wie z.B., den Krankenhauserreger mit multiresistenten Keimen. Quorum Sensing wird von Bakterien benutzt, um Prozesse zu koordinieren, die ineffizient wären, wenn sie nur von einzelnen Zellen durchgeführt werden würden, z. B. das Leuchten, die Bildung von Biofilmen oder die Absonderung von Antibiotika. Viren bestehen aus einer Zelle. So können sie sich selbstständig durch Teilung vermehren. Sie sind die kleinsten Krankheit auslösenden Erreger und bestehen nur aus Erbmaterial, welches von einer Eiweißhülle umgeben ist. Sie besitzen keinen eigenen Stoffwechsel und können sich nicht selbstständig vermehren. Viren benötigen Zellen als Wirte. Sie sind Parasiten. Sobald der Virus es geschafft hat in die Zelle einzudringen wird sein Erbgut in der Zelle aktiv und veranlasst die Wirtszelle neue Viren zu produzieren. Ein paar gefährliche Vieren und ihre Erreger des Menschen sind z.B. Dengue, Aids, Tollwut, Ebola, Gelbfieber, Grippe, Hepatitis, Masern, Mumps, Pocken- und Windpocken, Röteln und Herpes. Eine Studie der europäischen Seuchenbehörde macht die Bedrohung durch multiresistenten Krankenhauserreger deutlich: In Europa sterben jedes Jahr mehr als 33.000 Menschen an Infektionen mit solchen Keimen. Grippe, z.B. wird unterschätzt. Alleine in Deutschland sind offiziell 1287 Patienten in der Influenzasaison 2017/18 an Grippe verstorben. Diese Todesstatistik nennt die Arbeitsgemeinschaft Influenza (AGI) am Robert-Koch-Institut (RKI) in ihrem jüngsten Wochenbericht (Kalenderwoche 14). Eine Grippe wird auch Influenza genannt und durch Viren ausgelöst. Influenza-Viren sind hochansteckend und werden durch Tröpfchen- oder Kontaktinfektion übertragen. Die Grippe beginnt meist schlagartig und verursacht hohes Fieber, Schüttelfrost, Husten, Kopf-, Glieder- und Muskelschmerzen. Ist der Körper bereits geschwächt, haben Bakterien leichtes Spiel und können zu weiteren Folgeerkrankungen, etwa zu Herzmuskel- und Lungenentzündungen führen. Weil sich Grippeviren ständig verändern, müssen dauernd neue Impfstoffe entwickelt werden.

Die Spanische Grippe, die 1918 plötzlich auftrat und bis 1920 weltweit ausbrach, raffte nach Schätzung mehr als 100 Millionen Menschen hin. Sie hinterließ mehr Tote als jede andere Krankheit davor und danach in der Menschheitsgeschichte. Pilze bestehen wie Bakterien aus einer einzigen Zelle. Sie vermehren sich besonders gut in einer feuchtwarmen Umgebung, bilden dort Fäden die sich zu einem Pilzgeflecht verbinden. Pilzinfektionen entstehen vorwiegend auf der Haut, den Genitalien und dem Mund-Magen-Darm-Trakt. Eine Vielzahl unterschiedlicher Parasiten und Pilze kann zu Infektionen des zentralen Nervensystems führen und unterschiedliche Symptome zeigen. Von mehreren tausend Pilzen machen etwa 50 Pilzfamilien den Menschen krank. Wenn der einzelne Erreger ist auftritt, dann hängt die Heilung und das Leben der Menschen vom raschen Erkennen ab. Eine Studie hat zeigt, dass Pilze der Darmschleimhaut auch die Lungengesundheit beeinflusst. Die Zusammensetzung unseres Mikrobioms, also der unzähligen Bakterien, Pilzen und Viren, die unsere Körperoberfläche, die Haut, den Darm oder die Lunge besiedeln, trägt elementar zur Gesundheit oder Krankheit des Menschen bei. Das beginnt bei chronisch entzündlichen Darmerkrankungen wie Morbus Crohn und Colitis ulcerosa, Reizmagen oder Reizdarm und Fettleber. Außerdem könnten Diabetes und verschiedene Allergien durch das Mikrobiom beeinflusst werden. Und auch bei Autismus, Alzheimerdemenz oder Depressionen werden Verbindungen mit dem Mikrobiom vermutet. Unser Körper ist eine Wohngemeinschaft, die Zahl der Mitbewohner übertrifft bei weitem die Zahl der Körperzellen. Überall leben auf oder im Körper mehr oder weniger große Gemeinschaften von Mikroorganismen, im Darm, im Mund, auf der Haut, in der Lunge oder im Vaginaltrakt und im Gehirn. Manche der Mitbewohner sind Parasiten, die ihrem Wirt gefährlich werden können, viele aber sind kleinere Lebensarten, die die körperliche Funktionen unterstützen oder auch die Ansiedlung von anderen Mikroorganismen verhindern. Das Gehirn ist normalerweise geschützt durch die Blut-Hirn-Schranke, die neben vielen Substanzen auch den Zugang von Mikroorganismen aus dem Blut verhindert. Wenn aber dennoch Viren, Bakterien, einzellige Lebewesen oder Parasiten in das Gehirn durch die Blut-Hirn-Schranke, durch Kopfverletzungen oder durch das Ohr oder die Nebenhöhlen eindringen, kann das schlimme Folgen haben. Meist hat die Einnistung zunächst keine Folgen, kann aber auch zu grippeähnlichen Symptomen, Infektionskrankheiten oder zur Gehirnentzündung führen. Zudem soll sich der Parasit, wie an Mäusen gezeigt wurde, auch auf das Verhalten auswirken und das Gedächtnis beeinträchtigen können.

Kapitel 2

Wie steuern uns Bakterien,Viren und Parasiten?

Wir Menschen nehmen unsere Umgebung wahr und interpretieren sie. Unsere Sinnesorgane erlauben es uns, eine Vielzahl von Reizen aufzunehmen, unsere Sprache ermöglicht es uns, unsere Eindrücke mit anderen Menschen auszutauschen, das alles ist für uns selbstverständlich. Bakterien haben einen zentralen Einfluss auf das menschliche Leben. Viele leben als nützliche Mitbewohner, andere bedrohen und schwächen unser Immunsystem. In den letzten Jahren wurden rund 20 neue bakterielle Kommunikationsmoleküle identifiziert, wobei man davon ausgehen kann, dass es sich hier lediglich um die Spitze des Eisbergs handelt. Bakterien schützen sich mit ihrer Schleimschicht zu einem Biofilm, dieser ist resistent gegenüber Antibiotika und anderen antibakteriellen Substanzen. Das Aufkommen multiresistenter Krankheitserreger ist ein weltweites Problem, das die Behandlung bakterieller Infektionen in den letzten Jahren verkompliziert hat. Derzeit stehen nur noch einige wenige Antibiotika zur Verfügung, gegen die Bakterien noch keine Resistenzen entwickelt haben. Wir benötigen daher dringend neue Antibiotika, da sich für die bisher vorhandenen Antibiotika Resistenzen entwickelt haben. Quorum Sensing (Fähigkeit von Einzellern, über chemische Kommunikation die Zelldichte der Population zu messen) ist der Ansatz, da eine Störung der Kommunikation die Bakterien nicht abtötet, sondern sie lediglich in ihrem Gruppenverhalten beeinflusst. Moleküle, welche die Kommunikation unterdrücken oder stören, sind in der Lage Erkrankungen im befallenen Organismus hervorzurufen. Bakterien können sehen, tasten und schmecken, das gilt bereits wissenschaftlich erwiesen, als sicher.

Jetzt haben Forscher einen Vierten Sinn nachgewiesen: Manche der Mikroorganismen reagieren auf Gase - sie riechen. Die Fähigkeit könnte helfen, Medikamente zu entwickeln. Im Abstract der Präsentation schreiben die Wissenschaftler unter der Leitung der Neuroanatomin Rosalinda Roberts, dass man mittlerweile davon ausgehe, dass die Darmmikroben Gehirn und das Verhalten beeinflussen können, auch wenn noch nicht klar sei, wie das geschehe. Zudem werde behauptet, dass Bakterien die Blut-Hirn-Schranke überwinden und/oder über Nerven, die zum Darm führen, ins Gehirn eindringen können. Und sie berichten, dass sie Bakterien in Menschen- und Mausgehirnen gefunden hätten, die nicht infiziert oder traumatisiert waren. Unser Gehirn regelt nicht nur die Abläufe in unserem Körper und unserem Bewusstsein, sondern es verbindet uns über ein allgemeines Informationsfeld mit allem, was im Universum existiert. Über Resonanzprozesse kann es Informationen in das Informationsfeld hinein senden und aus ihm herauslesen. Toxoplasma gondii ist ein mikroskopisch kleiner Parasit, mit dem wohl mehr als zwei Milliarden Menschen weltweit infiziert sind (in Deutschland laut Robert-Koch-Institut die Hälfte der Bevölkerung). Der Schmarotzer kann sich nur im Darm von Katzen vermehren und bahnt sich über ausgesendete Sporen den Weg zu uns, entweder durch den Verzehr von unzureichend erhitztem Fleisch, ungewaschenem Obst und Gemüse oder durch den Kontakt mit Katzenkot. Spannender ist, dass der Parasit offenbar unser Verhalten steuert. Dies wurde bereits in einigen Studien nachgewiesen. Forscher berichteten über einen Zusammenhang mit autoaggressivem Verhalten und Schizophrenie. Außerdem soll bei infizierten Männern der Testosteronspiegel steigen, während er bei Frauen sinkt. Sogar bestimmte sexuelle Vorlieben soll der Parasit hervorrufen. Was genau in Mäuse- und Menschenhirnen vor sich geht, wenn diese befallen sind, ist für Forscher nach wie vor eine Blackbox.

Von Parasiten befallene Mäuse sind leichtsinnig und verlieren ihre Angst vor Katzen, suchen ihre Nähe und fliehen nicht, wenn der Todfeind kommt. Forschern vermuten, dass es sich dabei um einen Trick des Parasiten handelt, schnell wieder in seinen Wirt (den Katzenkörper) zu kommen, um sich zu vermehren. Der Parasit Toxoplasma gondii. ist weltweit verbreitet und befällt Vögel, Säugetiere und den Menschen. Wissenschaftler aus Magdeburg haben nun nachgewiesen, dass der Einzeller im Gehirn seiner Wirte die molekulare Zusammensetzung von Synapsen verändert. Etwa 30 bis 50 Prozent aller Menschen haben sich im Laufe ihres Lebens bereits mit Toxoplasmen infiziert. Bei den über 50-Jährigen geht man sogar von 50 Prozent aus. Toxoplasmose verläuft meist unbemerkt und die Infizierten ahnen gar nicht, dass sie befallen sind. Bei gesunden Menschen löst die Infektion kurzzeitige Erkältungssymptome wie Schüttelfrost, Fieber und Gliederschmerzen aus. Es gibt noch keine Therapie, um den Parasiten wieder loszuwerden, wenn er das Gehirn befällt und einmal infiziert ist, bleibt das ein Leben lang, erklärte Prof. Ildiko Rita Dunay, Leiterin des Instituts für Inflammation und Neurodegeneration an der Otto-von-Guericke-Universität Magdeburg (OVGU). Vermutet wird, dass Toxoplasma gondii neuropsychische Erkrankungen wie Depressionen, Schizophrenie und Autismus und Störungen in der Signalübertragung der Synapsen auslöst. Der kleine Leberegel etwa bringt Ameisen dazu, sich über Nacht an den Spitzen von Grashalmen festzuklammern. So werden sie morgens leichter von weidenden Schafen oder Rindern gefressen, in deren Körpern der Parasit sich vermehren kann. Saugwürmer machen Fische zappelig, damit diese von Seevögeln, den Endwirten des Parasiten, eher gesehen werden. Und Saitenwürmer treiben ihre Wirte - Grillen, in deren Hinterleib sie sich entwickeln - geradewegs in den Selbstmord. Ist der Wurm in ihnen ausgewachsen, hüpfen die Grillen ins Wasser, obwohl sie überhaupt nicht schwimmen können.

Der Wurm kann sich jedoch dort vermehren. Nur dort. Wie schaffen es die Parasiten, die Psyche umzuprogrammieren? Dopamin, Adrenalin, Serotonin, das menschliche Verhalten wird durch chemische Botenstoffe im Gehirn gelenkt. Und genau die werden von den Würmern manipuliert. Toxo sorgt beispielsweise dafür, dass unsere Synapsen mehr Dopamin ausschütten und wir dadurch risikobereiter werden und anfälliger für Schizophrenie. dass auch unser Angstzentrum im Gehirn vom Parasiten gesteuert werden kann." So zeigt eine Studie, dass die Wahrscheinlichkeit einer Psychose wie Schizophrenie dreimal höher ist bei den Menschen, bei denen Antikörper gegen Toxoplasmose nachweisbar sind. Auch Depressionen und Selbstmorde kommen bei Toxo-Opfern weitaus häufiger vor als bei gesunden Menschen. Der Biologe Jaroslav Flegr von der Universität Prag vermutet zudem, dass der Befall mit denselben Parasiten je nach Geschlecht des Opfers unterschiedliche Folgen haben kann. "Während von Toxoplasmose infizierte Männer eher misstrauisch, eifersüchtig und trotzig sind, verhalten sich infizierte Frauen eher entspannt, ja fast schon gleichgültig", erklärt Flegr. Warum werden immer mehr Menschen autistisch, ängstlich, psychisch krank, Dement oder bekommen Alzheimer? Weil wir alle von mikroskopisch kleinen Lebewesen und Parasiten gesteuert werden, ob „normal" oder krank, sie bestimmen unseren Alltag, unser Verhalten und unseren Tagesablauf. Bei Menschen mit einer höheren Anzahl an mikroskopisch kleinen Lebewesen und Parasiten, ist auch die menschliche Kondition und Krankheitsrate höher. Wobei es ja in dem Sinne keine Krankheiten gibt, sondern nur die mikroskopisch kleinen Lebewesen und Parasiten, die diese „ Krankheit „ auslösen. Ein Beispiel, das Quecksilber in unseren Gehirnen (es hat jeder mehr oder weniger Quecksilber im Gehirn, keiner ist frei!), dies schädigt uns in geringen Maßen nur deswegen nicht, weil ein Parasit davon lebt und in Schach hält.

Parasiten steuern auch Fische, z.B. gräbt sich ein Parasit in die Zunge eines Fisches, wird durch gezielte Handlung des Parasiten, die Zunge des Fisches kontrolliert und der Parasit bestimmt wann der Fisch frisst oder nicht. Die heutige Schulmedizin steht nach meiner Meinung vor einer kompletten Neuausrichtung, das bisher gelernte der Schulmediziner wird zukünftig nicht der Weg zur Heilung sein, sondern eine neue Medizin in der mit Kleinstlebewesen und Parasiten „Krankheiten" behandelt werden. Es muss mit einer neuen Mikromedizin und Bekämpfung der schlechten Parasiten und Kleinstlebewesen behandelt werden. Tod durch Krankheiten wie z.B. der plötzliche Herztod, Gehirnschlag, Lungenversagen, Nieren und Leberversagen, Alzheimer, Parkinson, Demenz und all die anderen Krankheiten, werden durch Parasiten verursacht. Man stelle sich vor, dass diese jeweiligen Parasiten in unseren Organen und im Gehirn ihr größtmögliches unternehmen, um unsere Organe auszuschalten, damit das Endziel, die Tötung des Menschen so schnell wie möglich erreicht wird. Eine Eindämmung und Heilung unserer Organe und Körpers, kann nur mit einer basisch-veganen Ernährung, Kräutern, Pflanzen, Koriander, Traubenkernextrake, körpereigener Schwefel, Chlorella und Spirulina Algen, Bärlauch, sowie Gabe einiger Mineralien, Vitamine und Spurenelemente, usw. erfolgen. Durch diese, für die Parasiten lebensfeindlichen Maßnahmen, werden sie regelrecht ausgehungert und sterben ab, allerdings nur dann wenn komplett auf Zucker verzichtet wird. Eingriffe mit chemischen Keulen bleiben meist unfruchtbar. Medikamente für unseren Körper und insbesondere Psychopharmaka gegen unsere Geisteskrankheiten sind zunächst wirksam, aber nur solange bis sie wieder abgesetzt werden. Medikamente der Pharmaindustrie dämmen nur den Schmerz und betäuben, da sie nicht die eigentliche Ursache bekämpfen. Nämlich die zuviel an Parasiten in Körper und Gehirn.

Wird den Gehirnparasiten durch Absetzen der Psychopharmaka ihre Nahrung, bestehend aus Medikamentenresten, entzogen, so werden diese hungrigen Parasiten alles daran setzten, wieder an Medikamentenreste zu kommen. Sie steuern unsere Angst und Selbstmordgedanken und geben uns ein Gefühl des Schreckens, sodass wir dann wieder zu Medikamenten greifen, bevor die Parasiten uns ins Grab bringen, was ja deren Ziel ist und so schnell wie möglich erreicht werden soll. Wieder Psychopharmaka eingenommen, ist die Welt für alle Beteiligten in Ordnung und die Zerstörung von Körper und Geist geht weiter., da ja wieder neue Nahrung, vergleichbar mit Zucker vorhanden ist. Da ist noch einiges an Nachholbedarf in der Medizin zu leisten, vor allem müssen die jetzigen Schulmediziner radikal in Ihrer Arbeitsweise umdenken. Heilung mit künstlich hergestellten Medikamenten ist nicht möglich, lediglich werden die Schmerzen und Entzündungen behandelt und reduziert, nicht die eigentliche Ursache bekämpft Welcher Arzt fragt heutzutage wie es mit unseren Darmbakterien und Schwermetallen aussieht? 90 % der Menschheit (zu mindestens in Deutschland) tragen einen undichten Darm mit sich herum, d.h. das schädliche Bakterien direkt in den Blutkreislauf gelangen und Unheil anrichten und von dort aus bis ins Gehirn transportiert werden, da setzten sie sich fest und die Krankheit beginnt. Es kann auch zu Krebs an einer anderen Stelle des Körpers kommen. Ein undichter Darm, sowie Schwermetallanlagerungen im Körper und Gehirn wird verursacht durch unsere Industrie-Fertignahrung, Fehlernährung, chemisch hergestellte Medikamente aller Art und unsere giftigen Umwelteinflüsse, wie Kraftwerksabgase, Reifenabrieb, Bremsen, Autobenzin und Diesel, u.s.w. Auch führt schon normales Atmen zur Schadstoffaufnahme, wir atmen alles ein was sich an giftigen Schadstoffen in der Luft befindet, selbst Mikroplastik. Die Latte an Schadstoffen wie Industrienahrung, Plastik, Schwermetalle und Feinstäube ist ewig lang, leider gibt es für viele

Schwermetalle keine oder viel zu hoch zugelassene keinen politischen Schutz. Politiker haben den Ernst der Lage nicht verstanden, einmal fachlich, zum anderen politisch, da wir ja in unserem Land von der Industrie gesteuert werden und Politikern die Macht entzogen wurde. Durch das fahrlässige Verhalten der Chemie, Nahrungsmittel und Autoindustrie werden wir so langsam umgebracht. Es findet kein Umdenken statt, hin zur CO_2 und chemiefreien Industrie, ich habe es in meinen Büchern „Die fünfte industrielle Revolution" und „Die vierte Industrie bringt uns um" beschrieben. Unabhängig von einem notwendigen, radikalen Umbau der Industrie werden wir weiterhin Umweltgifte, schlechte Nahrung, Bakterien, Viren und Parasiten in uns aufnehmen. Wie werden wir gesteuert? Durch Bakterien und Parasiten. Diese befinden sich in der Luft, in der Nahrung, oder wir stecken uns an, hier ist anstecken nicht das richtige Wort, da ja Parasiten versuchen einen Wirt zu finden, da gibt es ja, wie bereits erwähnt viele Beispiele, wie sie an ihr Ziel kommen. Wenn Parasiten das Fressverhalten von Fischen kontrollieren, Mäusen die Angst vor dem Sterben nehmen und wissenschaftlich nachgewiesen, uns Menschen in unseren Angstempfinden und Essverhalten steuern, dann habe ich folgende These zur Fernsteuerung von uns Menschen: Durch die allgegenwärtigen, uns permanent durchdringenden Bakterien und Parasiten in all unseren Organen, gibt es eine Schaltzentrale der Parasiten, ähnlich wie bei unserer Zirbeldrüse (unser drittes Auge, steuert unseren Tag-Nacht Rhythmus). Diese Schaltzentrale kommuniziert mit all den anderen Bakterien- und Parasitenuntergebenen. Z.B. kommunizieren die Darmbakterien mit den Gehirnbakterien. Über den Blutkreislauf ist es ein einfaches Informationen auszutauschen. Diese Schaltzentrale steuert unser Essverhalten, Angstverhalten, sowie sämtliche Charaktereigenschaften und Entscheidungen des Menschen. Im Grunde existieren keine eigenständiger Gedanken und keine von uns geglaubten Überlegungen, wir meinen nur, dass wir uns selbst steuern und kontrollieren, indem wir meinen, das was ich jetzt denke, ist auch richtig, das ist leider falsch, da uns jede Entscheidung von der Schaltzentrale der Parasiten abgenommen wird. Wir werden von der Schaltzentrale fremdgesteuert. Die Kommunikation der Bakterien und Parasiten geht soweit, das alle Menschen auf der Erde miteinander verbunden sind und gemeinsam gesteuert werden. Durch Luft-,Wasser und persönliche Kontakte werden Informationen ausgetauscht. Es stellt sich die Frage was über dem ganzen steht. Jeder Mensch auf der Erde hat ja unendlich viele Doppelgänger, wenn ein Mensch auf der Erde sich bewegt, bewegt sich auch simultan sein Doppelgänger auf all den anderen Planeten. Warum handeln Mörder und Sexualstraftäter wie sie handeln? Warum leiden viele Menschen an Geisteskrankheiten, Demenz, Alzheimer, Krebs? Weil Menschen von uns steuernden Parasiten und Bakterien dazu gebracht werden mit dem Ziel uns Menschen zu töten. Verschiedene Parasiten in unserem Gehirn ernähren sich von verschiedenen Schwermetallen und Medikamentenrückständen. Dadurch dass nicht nur Bakterien, sondern auch Parasiten in der Lage sind zu kommunizieren. Es werden unsere Nervenzellen welche miteinander durch Synapsen verbunden, an denen Signale in Form von Botenstoffen übertragen werden, so unsere Gefühle, Angst, Freude, Entscheidungen, das gesamte Verhalten bis hin zu psychischen Erkrankungen, Alzheimer, Demenz, etc. Im Grunde gibt es keine Krankheiten, sämtliche Krankheiten werden von Parasiten und Bakterien verursacht. Medikamente bekämpfen nicht das Problem. Die Lösung des Problems von Krankheiten liegt darin, dass man so viele Bakterien und Parasiten aus seinem Körper fern hält wie möglich. Es gibt nur eine Unterversorgung des Körpers mit Spurenelementen, Mineralien und Vitaminen, sowie ist ausschlaggebend für eine Erkrankung, wie lange der Mensch mit wie vielen und welchen Bakterien und Parasiten gelebt hat und lebt. Warum haben psychisch kranke Menschen Probleme beim Absetzen von Psychopharmaka? Die Medikamentenrückstände im Gehirn dienen als Nahrung für Parasiten, bekommt der Parasit keine Medikamente / Rückstände Versucht er über andere Wege an Nahrung zu kommen und durchdringt und beeinflusst unsre Nervenzellen. Es kommt zu Angst, Selbstmordgedanken und Unwohlsein. Werden die Psychopharmaka wieder gegeben, stellt sich nach einigen Tagen wieder der alte Zustand ein. Daher muss vor dem Absetzen jeglicher Psychopharmaka unbedingt eine Schwermetallausleitung, Darmsanierung und Verabreichung basischer Lebensmittel durchgeführt werden. Meine Empfehlung ist auch, auf jegliche Art von chemisch hergestellten Medikamenten, sowie industrielle Fertignahrung zu verzichten. Wie ja bekannt ist, verursachen diese schlechten Bakterien und Medikamente Löcher in der Darmwand, welche dann als Eintrittskarte in unseren Blutkreislauf für Parasiten und Bakterien dienen. Darmbakterien und Darmparasiten kontrollieren über den Blutkreislauf auch unser Gehirn. Parasiten und Bakterien in unserem Körper kommunizieren miteinander, das kann geschehen über Duftstoffe, Schwingungen, Strahlung, etc. und zwar solange bis sie ihr Ziel, nämlich Auslösen einer Krankheit mit anschliessender Tötung des Körpers erreicht haben. Wenn laut einer Statistik 30 % der Weltbevölkerung mit mit dem Parasit Toxoplasma gondii infiziert sind, heisst dass, das 30 % aller Menschen von Parasiten gesteuert werden, da ja Toxoplasma unsere Entscheidungen, Risikoverhalten und Charakterzüge steuert. Nach meiner Auffassung trägt jeder Mensch Bakterien und Parasiten in sich. Mehr oder weniger. Da alle Menschen von Bakterien und Parasiten gesteuert werden, ist es nur eine Frage der Zeit bis wir uns selbst vernichten. Dies kann geschehen durch Politiker welcher so stark ferngesteuert werden, das sie hochriskante Atomkriege auslösen können. Man darf nicht vergessen, das Ziel von Parasiten ist, das sie uns alle auslöschen, deswegen sind sie ja Parasit.

Kapitel 3

Wie kommunizieren Kleinstlebewesen mit dem Rest der Welt, anderen Menschen und anderen Planeten ?

Bisherige Erklärungsversuche entbehren wissenschaftlichen Grundlagen. Es handelt sich bei dieser Kommunikation um eine drahtlose Verbindung mit elektromagentischer Übertragung in einem weiten Frequenzspektrum und extrem niedrige Frequenzen in Form von Schallwellen oder Vibrationen, sowie Informationsübertragung mit Duftstoffen. Die Übertragung, also die Aussendung und der Empfang von elektromagnetischen Feldern könnte wie folgt funktionieren: Die Weitergabe von Informationen zwischen den Nervensträngen geschieht innerhalb einiger Synapsen mit elektrischen Impulsen. Diese Nervenaktivität erzeugt ein elektrisches Feld, welches man z.b. durch ein EEG auf der Kopfhaut zur Messung der Hirnströme nachweisen kann. Billionen von Bakterien, Organismen und Kleinstlebewesen bevölkern ein Gramm Erde. Nicht immer geht es zwischen ihnen friedlich zu. Dennoch: Die kleinen Organismen sind wichtig für die Bodenqualität, leben mit Pflanzen in Symbiose. Unser Körper ist vergleichbar mit der Erde, nicht nur unser Körper, sondern auch in der Luft und unseren anderen Weltallen befinden sich nicht mehr zählbare Kleinstlebewesen. Auf dem Mond oder auf anderen Planeten befinden sich andere Arten von Kleinstlebewesen, da alles schwingt und fliesst und wir auch über die Neutrinos mit dem Rest des unendlichen Weltalls miteinander verbunden sind, findet eine Kommunikation der Kleinstlebewesen, Bäume und Tiere untereinander statt. Viren, Bakterien und Parasiten forderten in der Menschheitsgeschichte mehr Opfer als alle Kriege oder Naturkatastrophen. Toxoplasmose ist eine durch Parasiten verursachte Infektionskrankheit und weltweit sehr verbreitet. Für die Erreger ist der Mensch nur ein Zwischenwirt, der Endwirt sind Katzen.

Die Toxoplasmose-Übertragung erfolgt oft über rohe oder ungenügend durcherhitzte Fleischwaren. Einmal mit Toxoplasmose infiziert tragen Menschen den Parasiten das ganze Leben in sich. In einer aktuellen Studie untersuchten Forscher Blutproben von mehr als 6600 Erwachsenen, die an der Studie zur Gesundheit Erwachsener in Deutschland (DEGS) teilgenommen hatten. In etwas mehr als der Hälfte der getesteten Proben fanden sie Toxoplasmose-Antikörper. Damit liegen die Deutschen über dem internationalen Schnitt: Nach Schätzungen tragen 30 Prozent der Weltbevölkerung diese Parasiten in sich und haben keine Beschwerden. Wie Experimente gezeigt haben, manipuliert Toxoplasma nicht nur das Verhalten von Flohkrebsen, Ratten und Mäusen, sondern auch von Menschen, wobei der Einzeller das besagte Persönlichkeits- und Krankeitsbild entstehen lässt, sofern er sich über Nahrungsaufnahme und Blutbahn im Gehirn etabliert hat. Der lebende Parasit hat nur ein Ziel: Die Selbstzerstörung des Menschen, der lediglich als Zwischenwirt dient. Wer mit Toxoplasma infiziert ist, zerstört sich selbst. Durch den Parasiten entstehen Schizophrenien, masochistische und selbstzerstörerische Persönlichkeitsstörungen. Immer mehr Menschen verändern sich plötzlich auf eine merkwürdige Art und Weise. Sie bekommen eine sehr fragwürdige, teilweise schizophren anmutende Einstellung, folgen einer merkwürdigen, verkehrten und teils völlig umgekehrten Logik, suchen Gefahren, treffen ungünstige bis geradewegs zerstörerische Entscheidungen und legen zum Teil ein Verhalten an den Tag, das man durchaus als sozial inkompetent und insgesamt als sehr fragwürdig bezeichnen kann. Aus Sicht der Psychologie und Psychiatrie ließ sich die extreme Zunahme gefährlicher Persönlichkeitsstörungen und psychischer Erkrankungen früher kaum erklären. Aber auch in der Psychiatrie rückt mittlerweile immer mehr der biologische Ansatz in den Fokus der Aufmerksamkeit, da ja ein gefährlicher Parasit, unser Gehirn manipuliert und dort die Steuerung übernimmt.

Wie die Forschung herausgefunden hat, weiß man mittlerweile, dass Toxoplasma gondii Schizophrenie auslöst. Stets wurde als Gegenthese vorgebracht, dass man derartige psychische Erkrankungen mit Psychopharmaka behandeln könne. Aus diesem Grund würden Parasiten als Ursache ausscheiden. Inzwischen zeigt sich aber, dass viele Psychopharmaka gegen Parasiten, Bakterien oder Viren wirksam sind. Sie schlagen an. So auch im Falle der Schizophrenie. Menschen, die mit dem gefährlichen Parasiten Toxoplasma gondii befallen sind bzw. von einer Schizophrenie oder anderen ähnlichen psychischen Störungen oder Persönlichkeitsstörungen betroffen sind, merken das selbst nicht - sie halten eher andere für verrückt und bekämpfen diese. Daher ist eine Untersuchung aus Sicht der Infizierten nicht notwendig. Immer mehr Menschen verändern sich plötzlich auf eine merkwürdige Art und Weise. Sie bekommen eine sehr fragwürdige, teilweise schizophren anmutende Einstellung, folgen einer merkwürdigen, verkehrten (teils umgekehrten) Logik, treffen ungünstige bis geradewegs zerstörerische Entscheidungen und legen ein Verhalten an den Tag, das man durchaus als sozial inkompetent und insgesamt als sehr fragwürdig bezeichnen kann. Die besagten Auffälligkeiten in Bezug auf merkwürdige Einstellungs- und Verhaltensänderungen beobachtet man nicht nur im Alltag, man findet sie sogar in Unternehmensführungen, in der Staatsführung sowie in der Politik, was hochgradig gefährlich ist. Laut Statistik sind auch Politiker und Verantwortliche selbst von Toxoplasma gondii infiziert. Ging man bislang davon aus, dass jeder dritte Mensch mit Toxoplasma infiziert ist (und selbst das klingt erschreckend), gehen Forscher nunmehr davon aus, dass mittlerweile 50 % der Menschen, folglich jeder zweite infiziert ist. Das sind eigentlich düstere Voraussetzungen, sowohl für die Bekämpfung der Toxoplasma-Epidemie als auch für die geregelte Führung von Staat und Wirtschaft, sowie für die gesamte Gesellschaft. Wird unsere Gesellschaft etwa durch einen winzigen Parasiten auf ihren Untergang programmiert?

Aufgrund der Vielzahl mit Toxoplasma infizierten, manipulierter Menschen, stellt sich die Frage, wie Toxoplasma mit allen anderen Lebewesen und dem unendlichen Weltall kommunizieren, bzw. von einem anderen Planeten gesteuert werden. Dies geschieht unsichtbar über die zuvor beschrieben Neutrinos, Licht und Wasser. Im Weltall ist es Wasserstoff und Wasser welches als Kommunikationsmedium-Träger dient. Zurück zu Toxoplasmose-Parasiten, sie verändern nachgewiesener Maßen die Synapsen im Gehirn und damit unser Verhalten. Ich gehe davon aus, dass Toxoplasmose Parasiten und andere Kollegen überall zu finden sind. Im Menschen, im Wasser, in der Luft, in der Erde und in unseren Weltallen. Die Verbreitung und Kommunikation findet jeweils in diesen Elementen statt. Das heisst nicht nur die schnellsten Teilen wie Neutrinos, sondern auch die Parasiten unseren Körper durchdringen. Das ganze bezieht sich natürlich auch auf jedes Tier. Dadurch dass durch die unterschiedlichen Elemente, unterschiedliche Arten der Kommunikation zwischen Parasiten stattfindet, ist die Mitteilungsübertragung, z.B. in der Luft, eine andere als im Wasser, oder im menschlichen Gehirn. Dadurch, dass wir alle mit Wasser (Regen) und Luft miteinander verbunden sind, kann erst eine Kommunikation aufgebaut werden, das gleiche gilt für unser Weltall mit Wasserstoff als Kommunikationsträger. Da ja alles schwingt, angefangen von einer Brücke, bis hin zu Kleinstlebewesen, ist es für Parasiten und Bakterien ein leichtes sich zu verständigen, zu vereinigen und den Tötungsauftrag von Mensch und Tier auszuführen. Einige, der über 2000 vermuteten Parasiten haben nur ein Ziel: Den menschlichen und tierischen Wirt lebend zu verlassen, nachdem er sein Opfer erst mit Krankheiten und dann mit dem Tod vernichtet. Für mich stellt sich nicht die Frage ob wir von Parasiten gesteuert werden, die Frage muss lauten: wann haben es die Parasiten geschafft, die gesamte Menschheit zu vernichten? Sie sind auf dem besten Wege, da ja Parasiten z.B. hochriskante „menschliche" Entscheidungen treffen, ob Selbstmord oder

Mord an anderen, oder fahrlässige, politische Entscheidungen hinsichtlich Drohung und Einsatz von Atomraketen. Haben erstmal Parasiten unsere Welt übernommen, geht es zur nächsten, u.s.w., da ja in all unseren unendlichen Weltallen, alles - auch über Schwingungen - miteinander verbunden ist und so die Kommunikation erst ermöglicht wird. Warum können nicht Parasiten die das Angstverhalten von Mäusen und das Fressverhalten von Fischen, nicht auch Menschen lenken. Da ja einige tausende existieren, uns umgeben und sich bei uns einnisten. Da es ja das Ziel ist den Mensch zu töten, schafft es ein großer Schwarm schneller als ein kleiner. Je mehr gute Nahrung ein Parasit bekommt, umso schneller kommt er mit seinen Kollegen ans Ziel. Zu beweisen wäre, dass der intelligente Toxoplasma gondii in unserem Gehirn, als Schaltzentrale für seine Soldaten dient und z.B. auch unser Essverhalten - wie beim Fisch - über die Zunge kontrolliert. Durch Kommunikation über unseren Blutkreislauf, kann die Schaltzentrale jeden Punkt unseres Körpers erreichen und steuern. Wenn zu wenig Nahrung vorhanden ist, wird eben eine Fressattacke mit Zuckerzufuhr ausgelöst, die Parasiten holen sich schon ihre Nahrung. Für mich ist vorstellbar, das unsere gierige Nahrungsmittel- Pharma und Zigarettenindustrie bereits süchtig- und abhängig machende Substanzen in ihre Produkte pfuschen, sodass sie von bestimmten Parasiten als Nahrung aufgenommen werden und immer mehr davon benötigen, da sie sich ja so schnell wie möglich vermehren wollen um ihrem Ziel Krankheit und Tod des Menschen immer näher kommen. Warum essen dicke Menschen den ganzen Tag Fast Food? Warum rauchen und trinken Menschen Alkohol? Warum treffen Menschen hochriskante Entscheidungen und bringen andere um? Warum haben wir immer mehr Demente, Alzheimerpatienten, psychisch Kranke, Krebsoperationen, etc.? Die Antwort ist einfach: Toxoplasma gondii und Kollegen. Sie steuern von Menschheit an uns Menschen und Tiere, sodass wir alle ferngesteuert sind.

Parasiten haben ja auch Gene, diese versuchen sie so weit wie möglich zu verteilen, sodass das Ziel soviel Menschen in kürzester Zeit zu töten wie möglich. Durch Verteilung dieser Erbinformationen der Parasiten, entstehen wieder neue und weitere Parasiten. Die schlauen Parasiten benutzen ja die Luft, Wasser und Sexualkontakte der Menschen für ihre Vermehrung. Nach meiner Vermutung werden die Parasitengene auch von Tier und Menschenkörperauscheidungen wie Kot und Urin verteilt, bishin über unser Abwasser und letztendlich Verteilung im Meer. Zusammen mit der Kommunikation in der Luft über Schwingungen, schließt sich der Kreis und der Strick des Todes wird immer weiter und schneller zugezogen. Da ja auch Parasiten untereinander kommunizieren, gibt es unter den Parasiten, die königliche Schaltzentrale, bestehend aus intelligenten Parasiten und deren nicht so intelligenten Soldaten. Die nicht so intelligenten Parasiten verursachen Malaria und andere Krankheiten, oder sind in Wartestellung in unserer Leber, Herz, Lunge, etc. und zwar solange bis sie endlich aktiviert werden. Ein Beispiel sind die MRSA -multiresitenten Keime -, sie warten Jahrzehnte in einem zuvor operierten Körper, steht eine erneute Operation an, so werden sie wieder aktiv und versuchen den Körper zu töten. Unsere heute Antibiotika reicht schon lange nicht mehr aus diese Keime zu vernichten, da sie ja extrem clever und anpassungsfähig sind. Alle Geisteskrankheiten wie Alzheimerr, Parkinson, Demenz, Schizophrenie, Bipolare Störungen Autismus, Narzissmus, etc. werden von Parasiten im Gehirn verursacht und gesteuert. Pharmazeutika halten die Parasiten solange in Schach, solange sie diese Medikamente bekommen und von ihnen leben, werden die Medikamente plötzlich abgesetzt, wird die Nahrungsgrundlage entzogen und die Parasiten senden gezielt Signale aus, die den Menschen in Selbstmord, Angst und eine Art Schüttelfrost versetzen und zwar solang bis wieder unter Zwang Medikamente gegeben werden. Trotzdem können wir Psychopharmaka absetzten und die Krankheiten heilen, wie?

Durch das Medikamentenabsetzen nach Krämer: Bei dieser Methode wird vor und während des Absetzens der Medikamente eine Darmreinigung und eine Ausleitung von Schwermetallen und Medikamentenrückständen durchgeführt. Die Darmreinigung kann mit probiotischen Bakterien und / oder auch Darmspülung durchgeführt werden. Die Schwermetallausleitung kann durch eine Chelat-Therapie durchgeführt werden, es handelt sich dabei um eine Entgiftungstherapie zur Ausleitung von Metallen durch Infusionen mit einem sogenannten Chelatbildner (DMSA oder EDTA). Das Medikamentenabsetzen nach Krämer wird mit der Spirulina und Chlorella Alge durchgeführt. Über min. 3 Monate werden täglich 12 Algenpresslinge, morgens, mittags und abends aufgenommen, Nach dem 10. Tag werden 60 Algenpresslinge zu sich genommen. Dann 2 Tage pausiert. Nach dem Tag 14 werden 3 x täglich 10 Tropfen Bärlauch, morgens, mittags und abends parallel zur Algeneinnahme eingenommen. Dann wieder 2 Tage Pause mit allem. Nach den 2 Tagen wieder für 10 Tage beginnen mit Algen und Bärlauch. Nach den 10 Tagen werden die Bärlauchtropfen wieder abgesetzt und wieder 60 Algenpresslinge genommen. 2 Tage Pause eingelegt. Nach den 2 Tagen wird anstelle Bärlauch, Koriander gegeben, auch hier 3 x täglich 10 Tropfen für 10 Tage, zusammen mit den Algen, danach 2 Tage Pause mit allem und dann wieder erneut 3 x 10 Tropfen für 10 Tage. Dann wieder 60 Algenpresslinge genommen. Das ganze kann man wiederholen, solange bis man sich wieder gesund fühlt, Tropfen und Algen können auch langsam gesteigert werden, je nach Verträglichkeit. Nach ca. 4 Wochen kann man damit beginnen, die hirnschrumpfenden und Gedankenverändernden Psychopharmaka abzusetzen. Dies muss über einen Zeitraum von 2 - 6 Monaten, je nach nach gegebener Dosis geschehen, die erste Hälfte der jeweiligen Tabletten in 20 % Schritten über min. 4 Wochen, die zweite Hälfte der Tabletten in 10 % Schritten über min weitere 4-6 Wochen.

Hinzu kommt natürlich eine basisch-vegane Ernährung, am besten permanent. Falls Angst oder Selbstmordsignale ausgesendet werden, sofort die Dosis wieder erhöhen und später weitermachen. Nach dem Gesetz unserer Schaltzentrale, dem Gehirn, müßten mit hoher Wahrscheinlichkeit die psychischen Probleme gelöst sein, da ja Angst- und Selbstmordgedanken auslösende Parasiten reduziert und die Nahrung in Form von Medikamentenrückstände ihnen entzogen wurde. Selbst Heilung im fortgeschrittenem Stadium an kranken Organen, einschl. dem kranken Gehirn ist möglich, da sich regenerieren können. Die zukünftige Mikromedizin wird mit gezielt manipulierten Bakterien und Parasiten die krankheitserregenden Parasiten und Bakterien bekämpfen und Krankheiten somit ohne Medikamente besiegen können. So wie uns Darmbakterien im Essverhalten steuern, so steuern uns Gehirnbakterien und Parasiten in unseren Charaktereigenschaften und bestimmen nicht nur unser Risikoverhalten. Wenn es uns gelingt, intelligente Bakterien und Parasiten zu entwickeln, werden wir auch ohne Krankheit 120 Jahre alt. Ich denke, es wird immer noch von den meisten Menschen die hochgradige Intelligenz von Bakterien und Parasiten unterschätzt. Da sie ja weltweit im Verbund agieren, müssen wir uns ihrer Intelligenz und Vernichtungskraft geschlagen geben, sie werden uns alle überleben. Bisher haben sie „gute" Arbeit geleistet und mit Kriegen und Pandemien Millionen und Abermillionen Menschen umgebracht. Kriege werden meist von einer oder wenigen Personen angezettelt, geführt und verloren. Es muss einen anderen Planeten in unserem Weltall geben, welcher die Parasiten und Bakterien steuert, mit dem Ziel aus unserem Planeten wieder einen durch Bakterien und Parasiten bestimmten und grünen Planeten herzustellen und uns Menschen auszulöschen. Dadurch dass das gesamte, unendliche Weltall mit uns verbunden ist, kommunizieren die Parasiten und Bakterien untereinander.

Kapitel 4

Wie können wir uns uns vor einem frühzeitigen Tod und Krankheit durch Bakterien und Viren schützen?

Bakterien sind auch heilsam und kurieren Krankheiten mit denen zahllose Menschen sich bisher rumschlagen müssen, sie sind- überdies einfach, preiswert und universell heilend. Die gängige Meinung der Menschen ist, das wir uns gegen Bakterien- und Infektionen schützen und verteidigen müssen. Die Medizin steht in einer Revolution. Es stellt sich eine neue große Hoffnung für viele Kranke dar, sowie eine Erleichterung für Therapeuten. Seit wenigen Jahren gibt es neue Entdeckungen zur Bedeutung der Bakterien für den Menschen, die zahlreiche sicher geglaubte Leitsätze in der Medizin völlig über den Haufen werfen. Bakterien sind die Partner unserer Gewebezellen im Körper, und wenn diese Partner fehlen, wenn sie verändert oder gestört sind, werden wir krank. Sobald dieses Miteinander wiederhergestellt wird, kann sich auch Gesundheit wieder einstellen. Über 120 Jahre lang galten Bakterien als Feinde des Menschen, die bekämpft werden sollten. Man hat das Miteinander von Bakterien und Mensch zerstört und die gesunde Lebensgrundlage zerstört. Grundlage ist ein geordnetes und natürliches Verhältnis von Bakterien und Körperzellen im Menschen, das zugleich in einem Miteinander mit dem Immunsystem ist. Daraus ergibt sich ein neues Bild von Krankheit und Gesundheit, es ergeben sich neue Behandlungsmöglichkeiten für eine neue Medizin, die viele bisher schwer zu behandelnde Krankheiten heilen kann. Um ein gestörtes Mikrobiom wieder in ein Gleichgewicht zu bringen und die damit verbundenen Krankheiten zu heilen, benötigt man unter anderem eine Zufuhr von Bakterien sowie deren Ernährung und eine bewusste Gestaltung bakterienförderlicher Lebensumstände.

Ein 100 % tiger Schutz vor Infizierung durch Bakterien und Parasiten gibt es nicht. Man kann sich mit den bekannten Möglichkeiten schützen, wie z.b. weitreichendeKörperbedeckung, richtige Nahrung auswählen, wechselnde Sexualkontakte meiden, etc., alleine durch die Nahrung und der Luft nehmen wir Parasiten und Bakterien auf, gemeinsam mit den Schwermetallen, z.b. Quecksilber, die wir aufnehmen, schaffen wir optimale Verhältnisse für Parasiten, u.a. im Gehirn. Leider ist unsere Medizin noch nicht so weit um als Mikromedizin uns von Krankheiten zu befreien, durch gezielten Bakterien und Parasiteneinsatz können Krankheiten geheilt werden. Da es die bisherige Medizin auf dem Kopf stellt, werden wohl noch einige Jahren vergehen, bis durch gezielte Forschung eine Mikromedizin angewendet wird. Vorbeugend sollte man sich basisch und mit vielen guten Bakterien ernähren, z.B. Joghurt mit Bakterien oder Sauerkraut, etc., auch sollte man Naturheilmittel wie OPC, Jod, Magnesium, Omega 3, körpereigener Schwefel, etc. zu sich nehmen. Zur Stärkung der Immunabwehr zählen auch Kurkuma, Ingwer und täglich 2,5 Liter gereinigtes und energetisiertes Wasser aus der eigenen Leitung trinken. Das o.g. Vorgehen sollte auch bei Vorliegen einer Krankheit angewandt werden, in vielen Fällen ist ein Rückgang der Krankheit festzustellen. Auch unser Ess- und Suchtverhalten verursacht Krankheiten und Tod, jeder zweite in Deutschland ist zu fett. Kein Wunder, wenn im Industriesupermarkt Fleisch für 2 EUR gekauft wird und dieses dann auf einen 2000 EUR Grill gelegt wird, das ist extrem gesundheitsschädlich, sowie Fertig Industrienahrung extrem gesundheitsschädlich ist. Nicht nur die ganzen Zusatzstoffe von denen wir nicht wissen, das sie in Nahrung und Verpackung stecken, sondern auch die uns bekannten Gifte wie Pestizide, Schwermetalle, Zusatzstoffe, Geschmacksverstärker, etc. kippen unser gesundes Darmbakterienverhältnis in einen undichten Darm um.

Die Löcher im Darm entstehen durch schlechte Bakterien, verursacht durch schlechte Lebensmittel, hinzu kommt das fast alle Menschen versäuert sind, was auch Krebs fördert. Ein undichter Darm (bei 90 % der Deutschen) führt dazu, dass Giftstoffe direkt vom Darm in unseren Blutkreislauf gelangen und dort ihren Schaden anrichten. Das geschieht schleichend und wir merken erst dann was, wenn wir krank werden. Um dem vorzubeugen, ernähre ich mich basisch, ich bin ein Plastikbasiker und versuche beim Bio Bauernhof einzukaufen, nichts verpacktes, viel Obst, Gemüse, Kräuter, Pflanzen, Algen. Ein Plastikbasiker ist ein Mensch der ohne Plastik lebt und sich basisch-vegan ernährt. Ich lebe soweit Plastikfrei, nur noch meine Fluoridlose Bio-Zahnpasta ist in Plastik verpackt. Ohne Fluorid deshalb, da Fluorier die Zirbeldrüse (unser drittes Auge) in erheblichen Maßen schädigt. Dieses kleine Organ erzeugt Melatonin, es ist ein Hormon, das in der Zirbeldrüse einem Teil des Zwischenhirns aus Serotonin produziert wird und den Tag-Nacht-Rhythmus des menschlichen Körpers steuert. Durch fluoridhaltige Zahnpasta, sowie den vielen Schadstoffen, wie z.B. Titandioxid und anderen nehmen wir über die Mundschleimheit diese Gifte auf. Die frühere Behauptung, dass Fluorid die Zähne härtet, ist nicht mehr richtig, da Fluorid Faktor 100 mal dünner eine Schutzschicht bildet. Das wichtigste das wir zu uns nehmen ist Wasser, leider sind die meisten Menschen zellenmäßig ausgetrocknet, trinkt man täglich 2,5 Liter Wasser werden nicht nur die Zellen- und Gehirnzellen aktiver, sondern der gesamte Körper beginnt zu leben. Ich betreibe vorbeugende Instandhaltung für meinen Körper, mit meinen bescheidenen Mitteln, habe ich mir eine eigene Trinkwasseraufbereitungsanlage für 30 EUR geschaffen. Wie geht das? Ich habe mir eine 1,5 Liter grosse Kupferkanne gekauft, da ja Kupfer hochgradig antibakteriell ist, damit reinigt das Kupfer mein Wasser von schädlichen Bakterien. Damit ich Energie ins Wasser bekomme, habe ich einige Edelsteine in die Kupferkanne gelegt. (Rosenkranz, Bergkristall, Amethyst).

Durch die Schwingungen der Edelsteine habe ich in wenigen Stunden hexagonales, energetisiertes, lebendes Wasser. Die meisten Menschen trinken leider nur totes Wasser aus dem Hahn oder der Flasche. Nur hexagonales Wasser wird vom Körper voll aufgenommen und die darin steckende Energie an uns abgegeben, da ja Wasser nicht nur drei Aggregatzustände hat, sondern den vierten, hexagonalen. Hexagonales Wasser fördert Stoffwechsel-Effizienz und ist damit elementar wichtig für unsere dauerhafte Gesundheit. Wir sind heutzutage im erheblichen Ausmass jeder Art von schädlicher Strahlung ausgesetzt, on Handy, Mikrowelle, Stromkabel, Batterien im Auto, Wlan Router, radioaktive Strahlung, etc., diese hochfrequenten Strahlen schädigen nachweislich unserer Gesundheit. Telefonate mit Handy am Ohr rauben uns die meiste Gesundheit, sodass der ganze Kopf glüht und Körpereiweiße zerschossen werden. Warum schlafen wir nachts nicht mehr? Weil selbst nachts die Wlan Geräte und Stromleitungsstecker nicht gezogen werden, wir werden 24 Stunden mit schädlichen Strahlen belastet. Die Telefonhersteller warnen fahrlässigerweise nicht die Bevölkerung, insbesondere 5 G ist ja noch hochfrequenter und damit noch gefährlicher für uns. Was tun? Man kann sein Haus oder Wohnung und Handy gegen schädliche Strahlen abschirmen. Ein kleiner Anfang. Ich schütze mich vor Handystrahlen mit einer kostengünstigen Lösung. Ich trage einen Kupferring mit starken Magneten. Da ja alles schwingt und wir ja auch ein eigenes Magnetfeld besitzen, ist der Kupferring mit Magneten in der Lage Handystrahlung weitestgehend in eine ungefährliche Strahlung anhand der verschiedenen Schwingungsmuster umzuwandeln. Das gleiche passiert ja auch bei meinen Edelsteinen im Wasser, durch die hohe Schwingungsfrequenz wird totes Wasser in enenergetisiertes Wasser umgewandelt. Was z.B. den Schutz vor den gefährlichen Krankenhauskeimen MRSA angeht, sind Verkleidungen aus Kupfer in Operationsräumen unbedingt notwendig.

Operationsräume werden zukünftig schwinden, da Krankheiten in der Zukunft mit Bakterien und Parasiten behandelt werden können. Angefangen von Probiotika sind Lebensmittel mit lebenden Milchsäurebakterien, welche sich positiv auf die Darmflora auswirken. Sie werden überwiegend als Joghurt oder Milchmischerzeugnisse im Handel angeboten. Das wichtigste meiner Meinung nach ist, das wir bei uns selbst beginnen uns zu schützen, angefangen mit der Reparatur unseres undichten Darms. Aufgrund unser industriell, schädlichen Fehlernährung sind ja über 90 % der Därme undicht. Durch Zucker, Eier, Milch, Milchprodukte, Fleisch, Getreide, Medikamente, Antibiotika, Alkohol, Schwermetalle und andere Umweltgifte, Konservierungsmittel, Geschmacksverstärker, Pestizide, etc. übersäuert unser Körper, was wiederum die schlechten Zellen nährt und Krankheiten im Darm oder Krebs entsteht. Dadurch dass dann mehr schlechte als gute Bakterien im Darm vorhanden sind, ist das Schicksal besiegelt. 80 % unsrer Energie kommen über den Darm in unseren Körper, d.h. der Darm ist hauptsächlich an all unseren Krankheiten beteiligt und löst diese aus. Ist ein Darm durch Fehlernährung undicht, heisst dass, das die Tennisfeldgroße, extrem dünne Darmwand Löcher aufweist, (tausendstel Millimeter trennen den Darminhalt vom Blutkreislauf), durch diese Löcher können ganz einfach jegliche Art von Giftstoffen über den getrennten Darminhalt in unseren Blutkreislauf gelangen und somit Schaden im gesamten Körper anrichten, auch das Gehirn bleibt nicht verschont. Reizdarmsyndrom, Autoimmunerkrankungen und die meisten anderen Krankheiten werden vom Darm verursacht. Gluten ist Bestandteil von Getreiden und greift die Darmwand an, immer. Wer gesund ist, merkt lange Zeit nichts davon. Irgendwann können aber regelrechte „Löcher" im Darm entstehen, die natürlich mikroskopisch klein sind.

Die Symptome und Auswirkungen sind sehr vielfältig, z.B.:

-Chronische Gelenkschmerzen
-Chronische Muskelschmerzen
-Konzentrationsstörungen
-Blähungen
-Migräne
-Stimmungsschwankungen bis hin zu Depressionen
-Nervosität
-Akne
-Ekzeme
-Ein schwaches Immunsystem
-Immer wieder kehrende Blasen- oder Vaginalinfekte
-Chronische Müdigkeit
-Unverträglichkeiten verschiedener Lebensmittel
-Reizdarmbeschwerden
-Rheuma
-Neurodermitis
-Chronisches Müdigkeitssyndrom
-Diabetes Typ 1
-Zöliakie
-Multiple Sklerose
-Herzkrankheiten
-Migräne und Kopfschmerzen
-Autismus
-Parkinson

Da viele der genannten Symptome nicht unbedingt mit einem kranken Darm in Verbindung gebracht werden, kommen Betroffene auch meist gar nicht auf die Idee, etwas für ihr Verdauungssystem zu tun, um eine Besserung herbei zu führen. Im Lauf der Jahre entwickeln sich dann ernsthafte Beschwerden und chronisch entzündete Darmerkrankungen.

Wir Deutschen waschen lieben jeden Samstag unser Auto, anstatt am eigenen Körper vorbeugende Instandhaltung durchzuführen, die ungesunde Lebensweise der meisten Menschen, müssen die wenigen, mit guter Lebensweise, teuer bezahlen. Unser Krankenversicherungsbeitrag könnte bis zu 50 % sinken, wenn die mit guter Lebensweise nicht ständig die Krebs-und andere Operationen der schlecht lebenden Menschen bezahlen müßten. Alleine nur durch das rauchen, Alkohol und der industriell vergifteten Fertignahrung werden soviel Menschen vorzeitig krank und sterben, dass nach meiner Meinung Krankenversicherungsbeträge abhängig von der Lebensweise bezahlt werden müßten. Ein undichter Darm kann durch eine gesunde, basische Ernährung und probiotischen Bakterien (gute lebende Bakterien) wieder repariert werden, hinzu kommen Stressreduzierung, Schwermetallreduzierung und sportliche Aktivitäten. Zur Reparatur des Darms gehört unbedingt das Ausleiten unserer Schwermetalle im Körper, ohne diese notwendige Ausleitung ist ein undichter Darm nicht zu reparieren. Es gibt verschiedene Möglichkeiten, eine kostengünstige Variante ist das Ausleiten mir biologisch angebauten Chlorella & Spirulina Algen, Bärlauch und Koriander. Parallel dazu muss eine sofortige Nahrungsumstellung erfolgen auf eine basische Ernährung, u.a. mit pestizidfreien Kräutern, Pflanzen, Gemüse, Obst und reichlich gereinigtes, energetisiertes Leitungswasser, dazu OPC, D3 und K2, Zink, Jod und Magnesium. Bis der Darm seine für unseren Körper gefährlichen Löcher repariert hat, können bis zu 6 Monate vergehen, eine erste Verbesserung tritt allerdings schon nach ca. 3 Wochen ein. Eine kürzlich abgeschlossene Studie berichtet, dass Parasitenabfallprodukte giftig sind und einen Nährboden für Fäulnisbakterien im Magen schaffen. Das ist der Grund dafür, warum Menschen, die mit Parasiten infiziert sind, einen schlechten Mundgeruch haben. Die Parasiten haben schließlich keine Toilette, die wir ihnen anbieten können, ihre giftigen Ausscheidungen landen dann nunmal in uns.

Am besten schützen wir uns vor unseren Feinden, wenn wir nur einen Sexualpartner haben, verdorbenes Wasser und Nahrung vermeiden, Menschen mit Parasiten meiden, Süßwasserseen in Afrika meiden und vor allem darauf achten was wir essen. Ich halte es so, dass ich mein Abwehrsystem hochgefahren habe und einen gewissen Schutz durch ein starkes Immunsystem aufgebaut habe. Nicht nur, dass ich mich basisch-vegan ernähre, sondern auch Sport, Sonnenlicht und diverse Spurenelemente, Vitamine und Mineralien tragen zur Stärkung der Abwehr bei. Es ist ja bekannt, dass die meisten Menschen - auch durch unsere Industriefertignahrung - einen übersäuerten Körper haben, gerade Krebszellen lieben diesen Zustand und vermehren sich somit schnell. Haben unsere schlechten Zellen keine Nahrung mehr, holen sie sich diese, z.B. mit unseren Freß- und Zuckerattacken. Ein undichter Darm und damit Löcher in der Darmwand und damit Weitertransport der schlechten Bakterien und Parasiten in das Gehirn, kann aus meiner Sicht nur durch den Verzicht von Zucker, Milch- und Milchprodukte, Getreide und Alkohol vermieden werden. Für mich habe ich entschlossen als Plastikbasiker zu leben, dass heisst vegang-basisch unter Verzicht der o.g. Lebensmittel und Verzicht auf jegliche Art von Plastik, angefangen beim Einkauf, (ich kaufe nichts verpacktes mehr) bis hin zu Textilien. Da wir ja alle erhebliche Mengen an Plastik mit unserer Atmung aufnehmen, ist das schon schädigend genug, da brauch man nicht noch das giftige Wasser aus einer Plastikflasche trinken, darin befindet sich nämlich Antimon (krebserregendes Metall, wird zur Herstellung von Plastik eingesetzt und so giftig wie Quecksilber), dazu kommen Nanopartikel und all die anderen Weichmacher welche das tote Wasser schon direkt nach dem Einfüllen durchdringt. Die giftigen, aus den Flaschen austretenden Weichmacher und andere Substanzen verstärken Ihre Wirkung bis Faktor 50, wenn sich das Wasser von 30 bis 70 Grad Celsius erwärmt, dies ist auch bei Teekannen aus Plastik hochgefährlich.

Im Moment habe ich nur noch Zahnpasta in Plastik verpackt, da muss ich mir noch was überlegen, allerdingss benutze ich ja fluoridfreie Biozahnpasta, da diese bekanntermaßen unsere Zirbeldrüse, unser drittes Auge im Gehirn, nicht beschädigt wie bei anderer Zahnpasta, die mit Fluorid, Weissmacher Titandioxid, etc., über die Schleimhäute aufgenommen wird. Die dadurch krebsanfällige und verkümmerte Zirbeldrüse läßt uns meist nicht schlafe.Leider ist die Medizin noch nicht tief genug in die Mikromedizin eingestiegen, wollen wir Krankheiten an der Wurzel bekämpfen, müssen wir mehr gute Bakterien und gute Parasiten finden, verstehen und einsetzen. Die zukünftige Mikromedizin wird unsere bisher angewandte konventionelle Medizin ersetzen, Operationen werden nur in Ausnahmefällen durchgeführt. Schützen wir uns vor schlechten Bakterien und schlechten Parasiten, so haben wir keine Krankheiten zu erwarten und können so auch gesund 120 Jahre alt werden. Insbesondere sollte vermieden werden, mit ungewaschenen Händen Augen, Nase oder Mund zu berühren, da dies häufig die Eintrittspforten für Krankheitserreger sind. Verzichten Sie im Krankheitsfall auf das Händeschütteln. und erklären Sie Ihrem Gegenüber, dass dadurch eine Ansteckung vermieden werden kann. Doch auch wenn man sich eine solche infektiöse Hinterlassenschaft über die Hände eingefangen hat, führt das nicht automatisch zu einer Krankheit. Selbst die so gefürchteten Ebola-Viren können unsere Haut nicht überwinden, solange sie intakt ist. Müssen sie aber auch nicht – denn in unseren Körper gelangen die Viren und Bakterien auf anderen Wegen. Tatsächlich sind die Augen nicht nur das Fenster zur Seele, sondern auch eine offene Tür für alle möglichen Erreger – so infizieren sich statistisch gesehen die meisten Menschen über ihre Augen. Aber auch der Mund oder die Nase sind Schwachstellen, die von den Erregern ausgenutzt werden. Man bedenke: Durchschnittlich 16 Mal in der Stunde fassen wir uns ins Gesicht, zumeist ohne es zu bemerken oder uns vorher die Hände zu waschen.

Zwar kann das Küssen eines ansteckenden Menschen auch zu einer Infektion führen, allerdings ist die Wahrscheinlichkeit sehr viel geringer, als z.B. beim Händeschütteln. Das liegt einer Studie der London School of Hygiene zufolge daran, dass im Mund nur wenig Krankheitserreger schlummern. Außerdem werden Erreger sofort in den Magen weiter geleitet, wo sie es mit unserer Magensäure zutun bekommen – einen Kampf, den die eindringenden Viren und Bakterien in der Regel verlieren. In vielen armen Ländern, z.b. in Teilen Afrikas oder Südamerikas kommt es immer noch durch Nahrungsaufnahme infektiöser Milchprodukte zu einer Tuberkulose-Infektion. Schutz vor Keimen, Bakterien und Parasiten besteht darin, dass man sich von angesteckten Menschen fern hält, für viel frische Luft sorgt und oft seine Hände wäscht. Das Ebola-Virus gehört zu den tödlichsten Erregern, die die Menschheit kennt: Zwischen 30 und 90 Prozent der Patienten sterben an der Infektion. Die Ursache von Ebola ist das Ebola-Virus. Am häufigsten geschieht die Übertragung, wenn ein Mensch direkten Kontakt mit einem Ebola-Erkrankten oder einer daran gestorbenen Person hat. Das Virus überträgt sich also von Mensch zu Mensch. Die Ansteckung mit dem Ebola-Virus erfolgt über den Kontakt mit Körperflüssigkeiten, zum Beispiel Blut, Speichel, Schweiß, Urin, Stuhl oder Erbrochenem. Diese Ausscheidungen von Ebola-Patienten sind hochgradig infektiös. Eine Übertragung des Ebola-Virus über die Luft (Tröpfcheninfektion) haben Forscher bislang noch nicht beobachtet. Es gibt derzeit noch keine Behandlung, die Ebola heilen kann und an der Ursache ansetzt, nämlich den Ebola-Viren. Ärzte können bisher nur die Symptome von Ebola behandeln.

Hingegen werden Legionellen durch zerstäubtes oder vernebeltes Wasser übertragen. Daher kann man sich nicht nur beim Duschen, durch Luftbefeuchter, Wasserhähne oder Klimaanlagen mit Legionellose infizieren, so auch mit Kühlsystemen oder Wasserleitungen, in denen das Wasser längere Zeit gestanden hat.

Bei Verwendung der Geräte kann es zur Vernebelung des Wassers kommen und damit auch zu einer Infektionsgefahr. Legionellen sind stabförmige Bakterien mit etwa 6 μm Länge (also viel viel kleiner als ein Haar dick), die im Wasser vorkommen. Derzeit sind etwa 57 verschiedene Legionellen-Arten bekannt. Laut Robert-Koch-Institut ist die für uns gefährlichste die Legionella pneumophila. Dieser Typ verursacht etwa 90 Prozent aller Erkrankungen durch Legionellen. An Lungenentzündungen sterben in Deutschland schätzungsweise 40.000 bis 50.000 Menschen pro Jahr. Wie viele davon auf das Konto von Legionellen gehen, ist unbekannt. Aber es gibt Anhaltspunkte: Einer Studie zufolge lösen Infektionen mit Legionellen in Deutschland schätzungsweise jedes Jahr 15.000 bis 30.000 Lungenentzündungen aus. Eine weitere potenziell tödliche Gefahr sind Keime und das Herpesvirus. An den Lippen kennt man es, der Herpesvirus kann fast überall am Körper auftauchen: an den Augen, in der Nase, am Kinn, an den Händen, an den Füßen, etc. Man steckt sich mit den sogenannten Herpes simplex-Viren an. Am häufigsten mit dem Typen HSV-1. Aber kein Grund zur Sorge! Denn ca. 85 Prozent der Weltbevölkerung sind mit ihm infiziert. Meist steckt man sich schon im Kindesalter an. Entweder werden die Viren von der Mutter auf das Kind oder durch Spielkameraden übertragen. Das Gute dabei: Bei dieser Erstinfektion treten selten Symptome auf. Die schlechte Nachricht: Danach bleiben die Viren das gesamte Leben lang im Körper. Dass Herpes, auch Fieberblasen genannt, ansteckend ist, wissen wir. Das Virus verbreitet sich von Mensch zu Mensch, meist über eine Schmierinfektion. Treffen Schleimhäute aufeinander, beispielsweise beim Küssen, ist das Risiko besonders hoch. Herpes kann durch verschiedene Faktoren ausgelöst werden. Die Gründe für Herpes-Symptome variieren von Person zu Person. Sicher ist, dass Stress Herpes begünstigt, sowie ein geschwächtes Immunsystem dem Herpes ebenso einfacher macht, auszubrechen.

Achten Sie daher auf eine ausgewogene Ernährung, viel Schlaf und ausreichend Bewegung. Weitere Auslöser sind:

- Starke UV-Strahlung
- Hormonelle Schwankungen
- Ekel
- Medikamente wie Kortison
- Infekte und Erkältungen

Kürzlich war wieder der Presse zu entnehmen: Eine werdende Mutter hat sich beim Küsschen mit Herpes infiziert. Das Problem: In den ersten 3 Monaten der Schwangerschaft kann das Immunsystem eines Babys noch nicht mit dem Virus umgehen und stirbt daran. Dieser Fall ist jedoch nicht der einzige. Übereinstimmenden Medienberichten zufolge verlor beispielsweise erst im Juli die kleine Mallory in den USA den Kampf gegen das Virus und starb. Auch Keime und Bakterien sind gefährlich und tödlich für Mensch und Tier. Besonders für geschwächte Menschen, für Kinder und Alte können Infektionen durch solche Keime und Bakterien schnell lebensbedrohlich werden. Sie kommen in Krankenhäusern vor, in den vielen Mastanlagen für Schweine und Hühner, etc. Lange Zeit schien es, als habe die Menschheit ein Wundermittel, namens Antibiotika dagegen gefunden. Doch unsere, jetzigen Antibiotika haben ihre Wirkung verloren, da ja immer mehr Keime und Bakterien unempfindlicher geworden sind und sich gestärkt und gewandelt haben gegenüber unseren Antibiotika. Unsere Chemie, Umweltbelastung, Pharmaindustrie, Nahrungsmittelindustrie, Überdüngung der Böden, generell die Aufnahme all dieser Giftstoffe in unseren Körper, etc. machen es den resistenten Keimen und Bakterien natürlich einfach, uns mit Krebs, Alzheimer, Demenz und oft qualvolles sterben zu besiegen.

Nicht nur chemisch hergestellte Medikamente aus der Pharmaindustrie machen uns krank und bringen uns oft um, sondern
bereits ein einfacher Routine-Test aus einer Giftapotheke endete
neulich tödlich für eine Schwangere und ihr Baby. Festgestellt
wurde: Das Mittel, das eine Apotheke mischte, enthielt einen
giftigen Stoff. Ist wirklich alles schlecht was aus der Natur
kommt? Wofür benötigen wir immer sofort beim kleinsten An-
zeichen einer Erkrankung einen Arzt, oder Chemiekeulen? Mittlerweile marschieren ja schon Frauen mit abgebrochenen Fin-
gernagel zur Notaufnahme ins Krankenhaus. Warum besinnen
wir uns nicht auf uns selbst? Es gibt Selbstheilungskräfte des
Körpers, heilende Pflanzen, Kräuter, Wurzeln, Obst, Gemüse,
Jod, Zink, selbstgereinigtes Wasser aus dem Hahn, etc. Mit einem gebrochenen Bein oder Herzinfarkt ist die Notfallmedizin
natürlich unabdingbar, wenn man dann doch Glück hat und mit
einem Herzinfarkt rechtzeitig in ein Krankenhaus gefahren wird,
welches einen dann auch nicht wieder abweist und die Abtei-
lung mit richtigen Fachleuten besetzt ist und die Diagnose auch
noch richtig ist. Leider ist es in vielen Fällen nicht so geschehen
und die Patienten mussten in Deutschland sterben, was in Afrika
wahrscheinlich nicht passiert wäre. Um eine Infektion- und Verbreitung in uns mit diesen Legionellen-Bakterien, Keimen und
Viren möglichst zu vermeiden, ist es sinnvoll, in Hotelzimmern,
Ferienwohnungen oder auf Kreuzfahrtschiffen vor der Benutzung
alle Wasserhähne und Duschköpfe für kurze Zeit laufen zu las-
sen, keimbelastete Kaffeemaschinen zu meiden, jegliche Aufnahme von schlechten Bakterien, Keimen und Viren zu vermeiden und seine eigenen Abwehrkräfte und Immunsystem stärken
um uns auf zukünftige, weit aggressivere, gegen unsere alther-
gebrachte Antibiotika resistenten Keime, Viren und Bakterien zu
schützen. Auch MRSA ist ansteckend. Am häufigsten werden die
multiresistenten Keime von Mensch zu Mensch übertragen, allerdings nur bei engem Kontakt. Dies erfolgt am häufigsten über
die Hände.

Außerdem ist eine Ansteckung über den Kontakt mit kontaminierten Gegenständen möglich (z.B. Türklinken, Treppengeländer, Handtüchern. MRSA kann auf unbelebten Flächen 6 Monate und länger überleben. Auch landwirtschaftliche Nutztiere können mit MRSA besiedelt sein, und eine potentielle Ansteckungsquelle darstellen. Der wichtigste Schutz vor MRSA ist eine gründliche Händehygiene. Eine Studie der europäischen Seuchenbehörde macht die Bedrohung durch multiresistente Erreger deutlich: In Europa sterben jedes Jahr mehr als 33.000 Menschen an Infektionen mit solchen Keimen. Laut einer neuen Studie könnten bald mehr Menschen an multiresistenten Keimen sterben als an Krebs. Wenn sich beim Einsatz von Antibiotika und in der Hygiene nichts ändert, wird sich die Zahl der Toten durch multiresistente Keime wohl drastisch erhöhen. Das geht aus einer Analyse einer Berliner Forscherin im Auftrag der Grünen-Bundestagsfraktion hervor. In der Untersuchung warnt Elisabeth Meyer vom Institut für Hygiene und Umweltmedizin der Charité, dass sich die Zahl der weltweiten Todesopfer von derzeit etwa 700.000 jährlich im Jahr 2050 auf zehn Millionen erhöhen könnte. Infektionen mit resistenten MRSA-Keimen sind für Krankenhauspatienten ein lebensbedrohliches Risiko. Die leichtfertige oder fehlerhafte Behandlung mit Antibiotika und unzureichenden Hygienemaßnahmen sind schuld. MRSA Keime sind mit keinem Antibiotika der Welt zu bekämpfen und stellen daher für uns eine neue Gefahr da. In welchen Lebensmitteln stecken Bakterien und Parasiten? Die Antwort ist einfach: in allen. In welchen Menschen stecken Bakterien und Parasiten? In allen. So wie sie sich immer und überall auf der Welt befinden. Unser Ziel muss es sein, so wenig wie möglich aufzunehmen. Je mehr Bakterien (schlechte) und Parasiten (schlechte) wir aufnehmen, um so schneller sterben wir. Nehmen wir gezielt gute Bakterien und gute Parasiten auf, leben wir länger und können Krankheiten (den Befall) behandeln.

Die Mikromedizin hat hier enormen Forschungsbedarf. Bakterien und Parasiten sind oft im Schlafzustand, sie warten solange auf ihren „Einsatz" bis sie zu Aktivierungen, z.B. einer Entzündung oder offenen Wunde, geweckt werden. Auch durch jedes Fleisch oder Fisch schleichen sich Bakterien und Parasiten in unserem Körper, bei komplett durchgebratenem Fleisch weniger, bei Sushi dafür umso 10 x mehr. Wer lange leben möchte, hält sich von schlechten Bakterien und Parasiten fern und bekämpft sie bei Krankheiten mit ihrer eigenen Waffe und nicht mit künstlich hergestellten Medikamenten. Wer seinen Lebensstil nicht ändert, wird früher sterben. Als erstes muss auf Fast Food und industriell hergestellte Nahrung verzichtet werden. Nicht nur, dass in all diesen Verpackungen Antimon, (gilt als krebserregendes Metall), Blei, schädliche Weichmacher und andere, tausende krebserregende Substanzen unsere Nahrung besiedeln. Pestizide, Nitrate, u.s.w. stehen da ganz oben. Man kann nichts mehr aus Industriesupermärkten kaufen, da ja die Nahrungsmittelindustrie die Nahrungsmittel, beinahe zu 100 % mit gesundheitsschädlichen Substanzen versetzt. Dadurch wir die Haltbarkeit verlängert und der Geschmack mit Geschmacksverstärkern angeregt, sodass eine Essabhängigkeit, ähnlich wie bei den Zigaretten geschaffen wird. Die Aktionäre erwarten schließlich wieder einen dicken Gewinn. Das Ziel der Nahrungsmittelindustrie: soviel Menschen wie möglich von ihren Produkten abhängig machen, egal um welchen Preis, daher werden ja auch die in den Nahrungsmitteln enthaltenen Zusatzstoffe nicht alle ausgewiesen. Besteht ja auch keine Notwendigkeit, ist ja gesetzlich nicht vorgeschrieben und falls doch für ein paar Zusatzstoffe, werden eben nur die ausgewiesen und der Rest untergemischt, kontrolliert ja keiner. Sämtliche, industriell hergestellte Lebensmittel, Cremes, Zahnpasta, Duschgel, etc. sind für uns früher oder später Gesundheitsschädlich und führen zu Krankheiten wie Krebs, etc., in der Industriezahnpasta z.B. befindet sich Titandioxid (chemischer Weismacher), Fluorid (zerstört die Zirbeldrüse) und andere Substanzen. Industrie Gels-und Cremes basieren auf Mineralölbasis, auch hier krebserregend, abgesehen vom Nanoplastik, was uns und der Umwelt erheblich schadet. Die Nahrungsmittelindustrie verwendet auch Abfälle aus der Chemieindustrie zum Beimischen in Ihren Produkten. Es heisst nun, zurück zur Natur, unser Wohlstandshöhepunkt ist erreicht. Da uns Fertig-Industrienahrung schadet, sowie Fleisch, Milch- und Milchprodukte, Getreide, etc., bleibt nur der Weg nach vorne mit basich-veganer Ernährung. Ziel eines jeden Menschen muss es sein soviel gute Bakterien und Energiekraftwerke zu aktivieren, zu erhalten und zu vermehren, auch so ist eine lange Gesundheit gewährleistet. Um zu überleben, braucht der menschliche Körper Energie. Diese wird aus der Nahrung gewonnen und gelangt dann über das Blut in die Zellen. Um dort genutzt oder gespeichert werden zu können, muss sie die Energie verbrannt werden. Dies ist Aufgabe der Mitochondrien, die deshalb auch als Kraftwerke des Körpers bezeichnet werden. Mitochondrien spielen eine sehr bedeutende Rolle für jeden Menschen. Sie sind in fast allen Körperzellen vorhanden. brauchen ATP als Antrieb. Das energiereiche Molekül wird meist in den Mitochondrien während der Zellatmung gebildet. Stoffwechsel, Zellerneuerung, Verdauung, Konzentration – alles wäre nicht ohne ATP möglich. Ohne ATP können wir nicht laufen, nicht denken, nicht atmen, schlichtweg wäre der menschliche Körper nicht lebensfähig. Damit unser Akku aufgefüllt wird, produzieren die Zellen ständig neues ATP, aber nur dann wenn der Körper nicht bereits krank oder geschädigt ist.

So vermehren wir unsere Kraftwerke:

Basisch-Vegane Ernährung: Eine ausgewogene und vielseitige Ernährung mit viel Obst und basenbildendem Gemüse, sowie genügend Mangan, B-Vitamine, Magnesium, Selen, Vitamin D und Zink ist das Fundament um die Mitochondrien zu stärken.

-Intervall Training
-Krafttraining
-Guter Schlaf
-Kältetraining
-Intervallfasten
-Diverse natürliche Nahrungsergänzungsmittel
-Kein Stress

Ca. 80 % unseres Immunsystems befindet sich im Darm. Durch die Aufnahme von Nahrungsbestandteilen liefert er dem Körper die zum Leben benötigte Energie und nicht nur Glücksgefühle: Die Darmzellen sind an der Bildung des „Glückshormons" Serotonin beteiligt. Zudem befindet sich im Darm die grösste Konzentration von Nervenzellen ausserhalb des Gehirns, mit Einfluss auch auf die Ausschüttung von Hormonen. Nirgendwo sonst im Körper werden so viele Hormone ausgeschüttet. Gerät das Gleichgewicht aus den Fugen, so können u.a. Blähungen, Durchfall, Verstopfung, Müdigkeit, chronische Immunschwäche, Allergien, Gemütsschwankungen, Pilzinfektionen und viele andere Krankheiten entstehen. Hier einige Gründe: Durch falsche Ernährung (allem voran Zucker), ungesunde Lebensführung, Krankheitserreger, Arzneimittel (allem voran Kortison und Antibiotika) und Aufnahme von schadstoffhaltiger Luft und Nahrung (praktisch überall).

Die Folge ist ein Schadstoffkreislauf, erstmal aufgenommen, werden über den undichten Darm (den Löchern in der Darmwand) die Giftstoffe über den Blutkreislauf im Körper verteilt und kommen dort zum Einsatz. Da Krankheiten meist mit einer schmerzenden Entzündung beginnen, wird die eigentliche Ursache von den meisten Schulmedizinern nicht erkannt und es werden lediglich schmerzstillenden Medikamente verabreicht, die den Schmerz vielleicht für den Moment dämpfen, aber der Problem nicht beseitigen. Da ja alles miteinander kommuniziert und schwingt, muss sich die Medizin mit der Mikromedizin komplett neu ausrichten. Nicht nur die Medizin, sondern auch die Pharmaindustrie, Nahrungsmittelindustrie, Öl-und Gasindustrie und andere müssen sich kurzfristig neu ausrichten. Ich habe das in meinem Buch „Die vierte Industrie bringt uns um" beschrieben. Als wesentlich halte ich einen sofortigen / übergangsmäßigen Ausstieg aus jeglichen Verbrennungsprozessen für die Menschheit überlebensnotwendig. Angefangen mit jeglicher Art konventioneller Treibstoffe für Auto- und LKW Motoren, sowie Flugzeugturbinen. Als Ersatz muss vor allem das bestehende Netz und die vorhandenen Mengen an Wasserstoff und bei Flugzeugturbinen mit Jatropha-Bioöl weiter ausgebaut werden. Heizungen in Häusern, können statt Gas, auch mit Wasserstoff oder freie Energieanlagen betrieben werden. Auch kommt man mit Geothermieanlagen, Windkraft und Sonne weiter und kann auf das Gas verzichten. Plastikware macht krank und ist größtenteils zu verbannen. Angefangen von Plastikverpackungen (geben Weichmacher und Metalle ins Essen), hin zu Plastikbechern und Trinkwasserplastikleitungen, diese vergiften unser Wasser und unseren Tee ebenfalls. Das Aufzählen von Beispielen kann schier unendlich fortgeführt werden, nur noch zum Schluss: unser Müll. Er vergiftet uns und macht uns krank. Angefangen vom Müll der in unseren Müllkraftwerken landet, die aus dem Schornstein entweichenden Gifte, verseuchen die gesamte Welt, da die Abgase an keiner Grenze haltmachen.

Wenn schon verbrennen, dann mit Plasma, da bleiben nur noch kleine Kügelchen übrig. Wir leben mit einer Mülllüge und der Müllmafia. Ca. 20 % unseres Mülls werden wohl mehr oder weniger wiederverwertet, der meiste Müll wird dann zum entsorgen verkauft. Meist geht unser Müll nach Asien, Europa, oder wo auch immer das jeweiligen Land den besten Preis für eine illegale Müllentsorgung bekommt. Es wird so billig wie es geht international Müll entsorgt, ob es ganze Schiffe sind, die versenkt werden, ob einfach ins Meer gekippt, illegal in die Landschaft geschüttet, oder auch von Müllmenschen verbrannt werden, um an die Rohstoffe zu kommen, alles wird getan um mit dem Müll das dicke Geschäft fortzuführen. Ob schädliche Substanzen, radioaktiver Müll, Sondermüll, alles wird international gesteuert und der Müllmarkt kontrolliert. Mehr Geld kann man ja nicht verdienen, grosse Müllentsorgungsfirmen geben Aufträge zur Entsorgung des Mülls an Subunternehmen, diese wieder an skrupellose Menschen, die dann die Umweltkatastrophe perfekt machen. Wenn wir Müll nicht reduzieren und vermeiden, werden wir an dem Müll und seine giftigen Auswirkungen ersticken und vergiften. Im Moment haben wir noch ein bisschen Wald, wird der auch noch durch skrupellose Rodung genommen, werden wir uns selbst vergiften. Auch der Wald und der Garten leben, auch hier kommunizieren die Bäume über die Luft und den permanenten Schwingen mit ihren Informationen, sowie auch alle Tiere miteinander kommunizieren, indem sie auch Informationen mit Schwingungen austauschen. Die Industrie bringt uns um: leider muss ich diesen Satz aus meinem gleichnamigen Buch immer wiederholen, es gibt tausende Beispiele wie uns die Industrie umbringt, hier sei nur noch eins erwähnt: Die verlogene und zerstörerische Holzindustrie. Die globale Waldvernichtung hat mit fast 30 Millionen Hektar pro Jahr einen dramatischen Spitzenwert erreicht, trotz aller Nachhaltigkeitsversprechen und Milliardensummen, die in den Waldschutz gesteckt werden.

Vor allem für unseren Konsum von Fleisch, Soja, Palmöl, Papier, Holz sowie Bodenschätze wie Eisen, Aluminium, Gold und Coltan werden die Wälder der Erde vernichtet. Mehr als ein halbes Fußballfeld pro Sekunde. Doch die Zerstörung fängt im Kleinen an: Der Schokoriegel mit Palmöl in unserem Einkaufskorb, das Schnitzel vom Discounter oder das neue Smartphone.

In all diesen Alltagsprodukten steckt ein Stück tropischer Regenwald. Durch die brutale Rodung werdenNutzpflanzen angelt, meist in Monokulturen. Die begehrten Ölpalmen zum Beispiel werden vor allem in Indonesien und Malaysia angebaut, wo hierfür intakter und besonders artenreicher Regenwald weichen muss. Auf ehemaligen Regenwaldflächen werden Zellstoffplantagen für Papier in Brasilien, sowie oder bereits existierenden Ackerflächen Soja in großen Monokulturen angelegt. Einschließlich Massentierhaltung. Die aktuelle Fleischproduktion in den Industrienationen ist also überhaupt nur möglich durch den Sojaanbau in Übersee: 80 % der weltweiten Sojaernte wird als Futter in der Tiermast eingesetzt. Nicht zuletzt fördert auch der Verkauf von Tropenholz die nicht nachhaltige Holzwirtschaft in den betroffenen Regionen, da sie dieses Geschäft als Einkommensquelle nutzen. Schätzungen gehen jedoch davon aus, dass rund 40 % des gesamten Handels mit tropischem Holz als illegal einzustufen ist. Die Holzindustrie feiert sich selbst mit irgendwelchen, vorgeschobenen grünen Nachhaltigkeitszertifikaten, welche wiederum von der Holzindustrie gesponsert werden, das ist so verlogen wie wie selbstbedruckte Biosiegel im Supermarkt. Auch Bergbau und Rohstoffausbeutung führen zum Verlust von artenreichem Regenwäldern, zum Beispiel im Amazonastiefland Ecuadors, mit Ihrer Erdölförderung. So werden durch den Bau der Infrastruktur (z.B. Straßen, Pipelines, Stromtrassen, Verladestationen, etc.) für Erschließung, Abbau und Transport der Bodenschätze jährlich riesige Waldflächen in den Tropen vernichtet. Auch Urbanisierung und Infrastrukturprojekte sind massive Eingriffe in die Natur mit schwerwiegenden Folgen.

Darunter fallen auch große Staudämme, die zur Energieerzeugung dienen, da Wasserkraft als „umweltfreundliche" Energie immer mehr gefragt ist, steigt die Anzahl von Staudämmen stetig an. Viele von diesen bereits erbauten oder auch geplanten Wasserkraftwerken liegen mitten im Regenwald. Wenn die Industrie nicht kurzfristig umgebaut wird, werden skrupellose, korrupte Geschäftsleute uns ersticken, uns wird die Luft zum Atmen genommen und fallen nach und nach tot um, nachdem wir vorher uns mit tödlichen Krankheiten durch diese, jetzt vorhandenen, mit Giften hochbelastete Luft einatmen. Bäume sind ja nicht mehr vorhanden, die die Luft noch filtern könnten. Die Abholzung des Regenwaldes macht ca. 15 % des weltweiten Ausstosses an CO_2 aus. Es gibt eine kleine Hoffnung: sofortiger Einsatz von brennstofffreien, Plasma-Geothermalkraftwerken mit Tiefenbohrung und Ausnutzung des Erddampfes mit der Dampfturbine zur Stromerzeugung. Einsatz von Geothermie und freier Energie in Haushalten. Einsatz von Batterien aus Algen, anstatt kostbare Rohstoffe zu fördern. Einsatz von trockenen Verfahren zur Papierherstellung. Generell hin zu nachhaltigen Materialien und weitestgehender Verzicht auf diesen gesundheitsschädlichen Kunstoffen, insbesondere Verpackungen, Einsatz von Wasserstoff als Öl,- Gas und Treibstoffersatz. Wir könnten unser Klimaproblem erheblich verringern, wenn wir nur genug Bäume pflanzen. Erneuerbare Energien müssen die fossile Industrie ersetzen, die fossile Industrie wird zusammen brechen und sich auf erneuerbare Energie umstellen müssen. Dies sind nur einige Beispiele, eine ganze Palette von Möglichkeiten, wären hier aufzuzählen.

Kapitel 5

Wie können wir mit Bakterien und Parasiten leben? Wie muss sich unsere Industrie ändern, damit wir lange und ohne Krankheiten leben?

Zunächst einmal wissen wir alle, dass uns probiotische Lebensmittel gut tun. Probiotische Lebensmittel wie Joghurts, Sauerkraut oder Kombucha werden zahlreiche gesundheitsfördernde Eigenschaften zugeschrieben. Sie sollen das Immunsystem stärken, die Darmflora aufbauen, bei Verstopfungen helfen und Krankheiten vorbeugen. Probiotika sind Lebensmittel mit lebenden Milchsäurebakterien, welche sich positiv auf die Darmflora auswirken. Präbiotika dagegen sind Ballaststoffe, die das Wachstum oder die Aktivität von Darmbakterien steigern. Meist werden Oligofructose oder Inulin zum Beispiel Milchprodukten, Säften oder Müslis zugesetzt. Die wichtigsten der in Probiotika enthaltenen Mikroorganismen wie Milchsäurebakterien, Laktobazillen und Bifidobakterien sind widerstandfähig genug, um den Verdauungsprozess im Magen und Dünndarm lebend zu überstehen, so dass ein Teil von ihnen den Dickdarm erreicht. Sauermilchprodukte aus dem Kühlregal wie zum Beispiel Joghurt, Kefir oder Dickmilch, aber auch milchsauer vergorene Bohnen, Möhren oder Sauerkraut sind reich an diesen Bakterien. Unser Ziel muss es sein, dass sich probiotischen Bakterien über die Nahrungszufuhr im Darm vermehren und die dort vorhandenen schlechten Bakterien ersetzen und zu verdrängen. Durch den Ersatz und Einsatz von gesunden Bakterien wird nach und nach die Darmflora regeneriert. Daher werden wir nicht drum herum kommen über unsere Nahrung probiotische Lebensmittel aufzunehmen. Leider werden diese noch allzu selten in den Märkten angeboten, stattdessen wird mit zuckerhaltigen, verdauungsschädlichen Industrie-Fertignahrungsmitteln und Brausen, mit Schadstoffen beworben.

Wenn nicht baldmöglichst mehr und unterschiedliche probiotische, unbelastete Lebensmittel angeboten und konsumiert werden, werden ansonsten durch all die schlechten Bakterien und Schadstoffe immer mehr Menschen kränker und sterben verfrüht an Krebs oder anderen Krankheiten. Wer denkt schon an all die Schadstoffe bei industrieller Fertignahrung? Die wenigsten machen sich Gedanken über die vielen chemischen Zusatzstoffe der Nahrungsmittelindustrie um die Nahrungsmittel haltbarer und schmackhafter zu machen. Was all diese Zusatzstoffe, ausdünstenden Metalle und Kunststoffe im Körper bewirken, dürfte hinlänglich bekannt sein, damit killen wir unsere letzten guten Bakterien im Darm und der undichte Darm ist nicht mehr weit, sodass darüber im Blutkreislauf sämtliche Gifte im Körper verteilt werden und ihre todbringende Arbeit verrichten. Durch Änderung unserer Lebens- und Verhaltensweise, Änderung der Industrieprozesse und einem neuen Umweltbewusstsein, können wir unser Leben ohne Krankheit verlängern, oder gar erst möglich machen. Hier nur einige Vergiftungen durch die industrielle Nahrungsmittelindustrie: Ausdünstungen von Plastikverpackungen und bleihaltigen Verpackungspapieren, Fluorid-und Tiandoxid, etc. aus Zahnpasta, Metalle und Nanoplastik aus Duschgels und Deos, Antimon-und Weichmacher aus Plastikflaschen und Gemüseverpackungen, Bisphenol A (chemisch-gefährlicher Stoff) befindet sich in Dosen, Milchtüten, Kunstoffartikeln, Fast Food Verpackung, Schnuller, Plastikgeschirr, etc. Geschmacksverstärker Glutamat (Nervengift), der Konservierungsstoff Zitronensäure in Verbindung mit dem allgegenwärtigen Aluminium fördert stark Gedächtniseinschränkungen, Parkinson und Alzheimer, Zitronensäure wird immer mehr und in beinahe jedem industriell gefertigten Lebensmittel zugesetzt. usw. die Liste ist schier unendlich, sodass ein sich gesunder, ernährender Mensch nichts mehr aus dem Industriesupermarkt kaufen kann.

Tödliche Keime und Bakterien können immer und jederzeit zuschlagen, Ebola, die spanische Grippe, HIV-Viren, etc. und die neulich, tödlich verlaufenden Herpes Fälle, stehen erst am Anfang einer Reihe sich immer wieder anpassenden und verändernden antibiotikaresistenten Keimen, Viren und Bakterien. Sie befinden sich auch in alltäglichen Lebensmitteln, wie z.b. Schweine- und Hühnerfleisch aus der Massentierhaltung, verpackte Lebensmittel aus Billigdiscountern, den ganz normalen zugesetzten Chemikalien und Plastikverpackungswahnsinn, all die schwermetallhaltigen chemischen Zusatzstoffe, Nanoplastik, etc., die Aufzählung könnte unendlich weitergeführt werden. Wie das Bundesamt für Verbraucherschutz und Lebensmittelsicherheit ebenfalls aktuell meldet, werden Verbraucher vor dem tödlichen Keim Burkholderia cepacia gewarnt. Dazu wird Duschgel für Kinder zurückgerufen, das in 15 Bundesländern bei Rossmann verkauft wurde. Wie gefährlich ist Burkholderia cepacia? Es ist ein Bakterium, das im Grundwasser und Erdboden lebt. Der Keim ist vor allem deshalb so gefürchtet, weil er gegen viele geläufige Antibiotika resistent ist. "Eine Infektion mit Burkholderia cepacia kann zu einer schnellen Abnahme der Lungenfunktion und zum Tode führen." Was noch nicht in Plastik verpackt ist, oder mit schädlichen Konservierungsstoffen, Schwermetallen und Pestiziden, wäre kaufbar, da bleibt nur nur die bisher unverpackte Wassermelone und ein paar andere industriell hergestellte Lebensmittel, die Zulieferanten werden dabei alle ausgebeutet, diese müssen für einen Hungerlohn an die Grossindustrie liefern. Aber Geiz ist ja geil. Warum für ein Steak 30 % mehr bezahlen, wenn es aus nachhaltiger Zucht kommt, wenn ich doch noch für einen größenren Luxusgrill sparen muss? Eine neue Studie zeigt: Rotes und weisses Fleisch, vor allem verarbeitetes Fleisch begünstigt neben Krebs auch weitere andere tödliche Krankheiten.

So warnt die Weltgesundheitsorganisation (WHO) vor einem übermäßigen Konsum von Rind und Schwein; es könne langfristig gesehen das Krebsrisiko steigern und einen hohen Cholesterinspiegel fördern. Die IARC (International Agentur für Krebsforschung) sieht es als sicher nachgewiesen an, dass der Verzehr von verarbeitetem Fleisch, wie Wurst, etc., Darmkrebs verursacht. Außerdem wurde ein Zusammenhang mit Magenkrebs beobachtet und wird mit Tumoren in der Bauchspeicheldrüse oder Prostata in Verbindung gebracht. Fleischprodukte können laut WHO ebenso wie Tabak und Asbest Krebs auslösen. Zu krebsauslösenden Substanzen in Fleisch gehören z.b. Häm-Eisen (Eisen, das in Fleisch gefunden wird), Nitrate und Nitrite, gesättigte Fettsäuren, Hormone und Salz. All diese Substanzen haben gezeigt, dass sie den Hormonstoffwechsel beeinflussen, die Zellvermehrung erhöhen, die DNA schädigen, Insulin-ähnliche Wachstumsfaktoren anregen, sowie die Zellschädigung durch freie Radikale fördern. Und all diese Faktoren können letztlich auch zu Krebs führen. Das Risiko krank zu werden hängt aber davon ab, wie viel Wurst und Steaks wir essen. Die Zahl der Krebserkrankungen und -todesfälle hat in den letzten Jahren weltweit in Millionengröße zugenommen. Die Zunahme selbst ist eine Folge der steigenden Lebenserwartung und des Bevölkerungswachstums. Laut der WHO könnten jedoch zwischen 30 und 50 Prozent dieser Krebserkrankungen vermieden werden. Mich- und Milchprodukte wie Joghurt, Käse oder pur: Kuhmilch kommt bei vielen Menschen täglich auf den Tisch. Immer mehr Forscher warnen: Milch ist krebserregend. Vor allem Säuglingen raten sie von ihrem Konsum ab. Hierzulande wird uns hingegen – auch aufgrund der Überproduktion – weiß gemacht, dass Milch wegen seines hohen Kalziumgehaltes vor Osteoporose schützt und daher ein wesentlicher Bestandteil einer gesunden Ernährung ist.

Allerdings wird dabei häufig nicht beachtet, dass in Japan oder China, wo traditionell wenig bis gar keine Milch getrunken wird, die Osteoporoseraten viel geringer als in westeuropäischen Ländern sind. Für Aufsehen sorgten im Februar neue Erkenntnisse des Medizin-Nobelpreisträgers Harald zur Hausen und des DKFZ (Deutsche Krebsforschungszentrum) Die Forscher fanden in Kuhmilch und in Rindfleisch bislang unbekannte Erreger, von denen Gefahr für den Menschen ausgehen könnte. Die sogenannten Bovine Meat and Milk Factors (BMMF) stehen laut DKFZ im Verdacht, chronische Entzündungen zu verursachen, die wiederum ein höheres Risiko für Dickdarm- und möglicherweise auch für Brust- und Prostatakrebs zur Folge haben. Pasteurisierte Kuhmilch enthält krebserregende Hormone durch industrielle Melkprozesse.

Zum Getreide: es ist in vielen Ländern ein bedeutendes Grundnahrungsmittel , insbesondere Weizen, Reis und Mais und aus der täglichen Ernährung vieler Menschen kaum noch wegzudenken. Wir stellen uns die Frage: Ist Getreide gesund? Getreide enthält Anti-Nährstoffe, die unserer Gesundheit schaden können. Dazu gehören Lektine / Gluten, Protease, Inhibitoren wie ATIs (Eiweiße) und Phytinsäure. Die Wirkung: Antioxidantisch und entzündungsfördernt. Weltweit leiden viele Menschen an Glutenunverträglichkeiten. In diesen Fällen führen alle Kulturgetreidesorten mit hohem Eiweiss- bzw. Glutengehalt (Weizen, Dinkel, Roggen, Gerste u. a.) zu chronischen Entzündungen der Dünndarmschleimhaut (Zöliakie). Abgesehen von den unangenehmen Symptomen wie Durchfall, Erbrechen, Übelkeit und Gewichtsverlust, können die lebenswichtigen Nährstoffe aus der Nahrung nicht mehr richtig verwertet werden. Reifes Getreide ist ausserordentlich schwer verdaulich. Nicht nur Gluten allein macht dem Organismus zu schaffen. Auch der grosse Anteil an Stärke führt zu Irritationen. Stärke plus Gluten ergibt in unseren Eingeweiden eine klebrige Masse, die nicht vollständig verdaut werden kann. Neben Schlacken entstehen bei der (versuchten) Verdauung ausserdem Säuren. Sie werden im Organismus abgelagert und übersäuern diesen Tag für Tag.

Chronisch entzündete Schleimhäute (neben Magen-Darm-Beschwerden auch häufige Erkältungen) und Erkrankungen des Bewegungsapparates (Arthrose, Gicht, Rheuma) sind typische Folgen von täglichem Brot- und Teigwarengenuss – so beschreiben es zumindest die alten Gesundheitsvertreter Arnold Ehret, Walter Sommer, Helmut Wandmaker und viele andere. Werden Lebensmittel – vor allem Kartoffel- und Getreideprodukte – erhitzt, kann Acrylamid entstehen. Besonders betroffen sind Produkte wie Chips, Pommes frites, Knäckebrot, Toastbrot, Backwaren, Kaffee und Kaffeeersatz. Acrylamid wird sowohl bei der industriellen oder handwerklichen Herstellung als auch bei der häuslichen Zubereitung von Speisen gebildet. Tierstudien haben gezeigt, dass Acrylamid krebserzeugend wirkt. Kinder sind aufgrund ihres geringen Körpergewichts besonders gefährdet. Schutz vor Krebs und basisch-vegane Ernährung: Vor allem tierische Produkte, Weißmehl und verarbeitete Lebensmittel sind Säurebildner, die bei wiederholtem und regelmäßigem Konsum unseren Körper übersäuern und damit zu Sodbrennen, Magenproblemen und somit Krebs führen können. Auch Zucker und Milch begünstigen den Krebswachstum. Wenn der Körper nicht permanent im basischen Bereich gehalten wird, wird er früher oder später krank. Die Ernährung muss überwiegend auf pestizidfreies, nicht grossindustriell hergestelltes Obst, Gemüse, Pflanzen, Algen, etc. abgestimmt werden, dazu regelmäßiger Sport, nicht rauchen, selten Alkohol, wenn überhaupt und Stressvermeidung. Vor allem muss sich die innere Einstellung der Menschen radikal ändern, weg vom Größenwahn, Macht- und Gewinndenken und Rücksichtslosigkeit, hin zur inneren Zufriedenheit durch Bescheidenheit und Rücksichtnahme, dies haben wir Menschen leider verlernt, daher kommt auch die Skrupellosigkeit der eiskalten Geschäftsleute und Kriminellen zustande. Durch Politiker ist auch keine radikale Veränderung im Umweltbereich zu erwarten, da diese meist machtgierig, und korrupt sind, ohne Rücksicht auf Verluste. Beispiele gibt es ja reichlich in allen Industrien, Profit um jeden Preis, ohne Rücksicht auf Verluste.

Um ohne Krankheiten lange und gesund zu leben, bedarf es auch der Vermeidung, chemisch hergestellter Medikamente, diese betäuben nur den Schmerz und reduzieren unsere Gedächtnisleistung und Gefühle. Die Notfallmedizin sei hier ausgenommen. Wir sind heutzutage in der Lage 100 % unserer Krankheiten und Beschwerden mit homöopathischen Medikamenten zu behandeln. Es ist für jede Krankheit ein Kraut, Pilz, Alge oder Gras gewachsen. Das was nicht sofort mit homöopathischen Medikamenten geheilt werden kann, muss über eine richtige Ernährung erfolgen. Es müssen die Ursachen behandelt werden, nicht die Symptome, das geht nur wenn die Mikromedizin entsprechend behandelt, durch chemiefreie Behandlung in den Organen. Unsere Pharmaindustrie will natürlich von all dem nichts wissen, es könnte ja der Profit einbrechen, die Lobbyisten der Pharmaindustrie setzen ja uns und en Politikern gehörig zu und tun alles um wieder ein neues Medikament auf den Markt zu werfen. Bei den Contergan Medikamenten hat man schmerzlich die Auswirkungen gesehen, bei all den anderen künstlich hergestellten Medikamenten sieht man die Auswirkungen nicht sofort, da dauert es länger bis unsere Körper krank werden. Hier nur ein Beispiel: Acetylsalicylsäure, kurz ASS, wirkt gleich dreifach: gegen Schmerzen, fiebersenkend und entzündungshemmend. Doch Aspirin kann auch schwere Nebenwirkungen haben. Es kann Geschwüre und Blutungen im Magen oder Darm hervorrufen, weil es die Schleimhäute im Verdauungstrakt angreift. Das Medikament kann zudem Asthmaanfälle und Nierenschäden auslösen. Prof. Friedrich Hagenmüller schätzt, dass die Zahl der jährlichen Todesfälle in Deutschland, an denen Aspirin beteiligt ist, vierstellig ist: "Man muss annehmen, dass sich die Anzahl der Fälle zwischen 1.000 und 5.000 bewegt." Psychopharmaka: die im Australian & New Zealand Journal of Psychiatry veröffentlichte Studie besagt, dass Psychopharmaka nicht nur krebserregend, sondern sogar stark krebserregend sind. Psychopharmaka beheben keinen Mangel, zumindest nicht nur und nicht ausschliesslich.

Andernfalls dürfte es keine Nebenwirkungen geben, Nebenwirkungen, die bis zum Tode führen können, wie eine Studie dänischer Forscher vom Nordic Cochrane Centre zeigte. Sie untersuchten die Auswirkungen von Antidepressiva und kamen zum Schluss, dass in den Industrieländern in den vergangenen zehn Jahren fünf Millionen Menschen durch psychiatrische Medikamente gestorben sind. Eine Studie der Universität Bremen hat ergeben, dass allein in Deutschland 240.000 Demenzkranke dazu gezwungen werden, Antipsychotika und Beruhigungsmittel zu schlucken, die in Bezug auf ihre Demenzerkrankung gar keine Wirkung zeigen. Grund ist, das der Gewinn der Heimbetreiber gesteigert wird, dadurch das die Bewohner ruhig gestellt werden und weniger Personal benötigt wird, da Leider der Demenzkranken wird nicht behandelt. Die medikamentöse Therapie mit Psychopharmaka führt in die Abhängigkeit. Das ist eines der bestgehüteten Geheimnisse der Psychiatrie. Den Patienten fällt es schwer, die Mittel abzusetzen, weil dies Entzugssymptome auslöst. Hier setzt die Pharmaindustrie an und fährt dadurch dicke Gewinne ein. Der Pharmaindustrie geht es nicht um unser Wohl, vielmehr schenkt man den Ärzten, abhängig machende Arzneimittel, damit diese sie dann an ahnungslose Patienten verschenken, um sie abzufüttern. Die Verstrickung all unserer Industrien mit Helfershelfern wie Ärzten, Lobbyisten und Politikern ist allgegenwärtig. Die Industrie entscheidet wo es lang geht, ist ja klar, die haben auch das Geld und können dies für Schmiergelder, Werbung und negativer Berichterstattung über Mitbewerber ausgeben. Die Industrie schreibt eigene Studien, diese werden dann den Politikern vorgelegt, damit dann auch ein Gesetzt draus wird, natürlich im Sinne der Industrie. Ob Autoindustrie, ob Kraftwerksindustrie, ob Nahrungsmittelindustrie, Pharma, Chemie, etc., alle erreichen ihr Ziel, nämlich Giftstoffe vertuschen und niedrig halten, Grenzwerte zu minimieren, Schwermetalle und andere Gifte unter den Tisch zu kehren. Die Zulassung wird ja schon genehmigt, warum haben wir sonst so viele Lobbyisten? Wenn sich unser Land nicht sofort um 180 Grad dreht, steht der Onkel Adi / die braune Gefahr vor der Tür, was das heisst, wissen wir alle.

Nach Angaben der Deutschen Gesellschaft für Internationale Zusammenarbeit (GIZ) leben heute rund 2,3 Milliarden Menschen in Gebieten mit dauerhafter Wasserknappheit. Weltweit gelangen laut GIZ mehr als vier Fünftel aller Abwässer ungeklärt in die Umwelt, und auch die Sanitärversorgung stellt weiter eine Herausforderung dar. Mehr als 820 Millionen Menschen leiden an Hunger, Unterernährung und haben keinen geregelten Zugang zu Trinkwasser. Das geht aus dem UN-Bericht zur Ernährungslage hervor. Die Zahlen steigen demnach wieder. "Hunger ist in nahezu allen Regionen Afrikas auf dem Vormarsch", so die UN. Bereits heute ist das Ernährungssystem ein wichtiger Treiber für den Klimawandel, für die Übernutzung von Wasserressourcen, und für Umweltverschmutzung. Ohne gezielte Maßnahmen könnten diese Auswirkungen bis 2050 dramatisch zunehmen. Die Ernährung einer Weltbevölkerung von 10 Milliarden Menschen ist nur dann möglich, wenn wir die Art und Weise ändern, wie wir uns ernähren, Lebensmittel produzieren und Lebensmittel wegwerfen. Überbevölkerung: Forscher sind sich uneins über die Tragfähigkeit der Erde, also das Maximum an Menschen das die Erde versorgen kann. Betrachtet man jedoch die derzeitige Ressourcenverschwendung, Umweltverschmutzung, das Artensterben und die Müllproblematik, die unser heutiges Wirtschafts- und Gesellschaftssystem auslöst, wird klar, dass die Grundlage unseres Überlebens - die Natur - immer schneller und immer weiter an die Grenze ihrer Existenz gebracht wird. Alle zehn Sekunden stirbt ein Kind unter fünf Jahren an den Folgen von Hunger. Nicht nur 820 Millionen Menschen hungern, sondern auch 2 Milliarden leiden an Mangelernährung. Dabei gibt es genug Nahrung, Wissen und Mittel für alle. Nahrung ist ein Menschenrecht. Zugleich ist die Belastbarkeit unserer Erde erreicht, vielleicht sogar überschritten. Ausgelaugte Böden, von Menschen verursachte Klimaerwärmung und Wasserknappheit in vielen Teilen der Erde und Unterernährung zwingen zum Handeln. Trotz beachtlicher Erfolge bei der Verbesserung der landwirtschaftlichen Produktion und einem Rückgang der Zahl hungernder Menschen bleiben die schwierigen Probleme ungelöst.

Wie viele Menschen kann die Erde ertragen und auf Dauer ernähren? Die Forschungsorganisation "Global Footprint Network" berechnet seit über zehn Jahren den ökologischen Fußabdruck von über 150 Ländern und zieht eine erschreckende Bilanz. Die Schere zwischen dem Ressourcenverbrauch der Menschheit und dem, was unser Planet leisten kann, klafft immer weiter auseinander. Geht es so weiter, würden wir nach dieser Studie bis zum Jahr 2030 zwei komplette Planeten benötigen, um unseren Bedarf an Nahrung und nachwachsenden Rohstoffen zu decken. Bis zum Jahr 2050 wären es knapp drei. Die Menschheit fällt mehr Bäume, als diese nachwachsen können, produziert mehr CO_2, als die Ozeane und Wälder absorbieren können, und fischt mehr in den Weltmeeren, als sich Fischbestände regenerieren können. Während die Landwirtschaft knapp 40% der globalen Fläche einnimmt, ist sie für bis zu 30% der Treibhausgas-Emissionen und 70% des Süßwasserverbrauchs verantwortlich. Schon jetzt sind die Zahlen also erschreckend, doch es ist klar, dass es in Zukunft noch viel dramatischer werden wird. Die großen Industrienationen hingegen, haben eine Bevölkerung, die zu Wohlstand gelangt ist und so auch deutlich mehr Fleisch konsumieren. Aber auch in Entwicklungsländern wird der Mittelstand immer stärker und verlangt ebenfalls nach mehr Fleisch und stärker verarbeiteten Lebensmitteln. Für 300g Schnitzel werden etwa 1500l Wasser benötigt. Betrachtet man die Anbaufläche, die für die Futtermittel des Schweines benötigt werden, könnten davon sechs bis sieben Menschen satt werden. Im Jahr 2050 ist es selbstverständlich Lebensmittel aus Algen oder Insekten-Mehl zu essen, um die Menschheit zu ernähren und Ressourcen zu schonen. Mitte des 21. Jahrhunderts ist es wahrscheinlich um zwei Grad Celsius wärmer als heute. Der Weltklimarat geht davon aus, dass sich die Erde bis 2100 sogar um bis zu 5 Grad Celsius aufheizen könnte. Der Klimawandel hat vielschichtige Auswirkungen auf Mensch und Natur: Wetterextreme, wie Starkniederschläge oder Hitzewellen treten infolge der höheren Erdtemperatur verstärkt auf. Zusätzlich steigt durch die schmelzenden Eiskappen der Meeresspiegel bis zum Jahr 2100 voraussichtlich um bis zu einem Meter.

Auch Überschwemmungen, Verwüstung, Nahrungsmittelknappheit und Artensterben sind direkte Folgen der globalen Erwärmung. Außerdem wird der Zugang zu sauberem Trinkwasser immer prekärer. Doch nicht nur die steigende Weltbevölkerung, Dürren und Kriege bedrohen die Versorgung von Millionen Menschen. In den kommenden Jahren wird sich höchstwahrscheinlich auch das Problem mit dem Klimawandel weiter zuspitzen. Mehr und vor allem noch heftigere klimabedingte Katastrophen sind zu erwarten, wodurch die Ernteerträge deutlich schrumpfen und mehr Menschen auf humanitäre Hilfe angewiesen sein werden. Auch ist zu erwarten, dass Ernteerträge aufgrund von vermehrt auftretenden Pflanzenkrankheiten sowie Resistenzenbildungen bei Bakterien und Viren verringert werden. Eine Pandemie ist eine der drei größten Bedrohungen der Welt, die nächste Epidemie wird wohl ihren Ursprung am Computerbildschirm eines Terroristen haben, der mit Hilfe von Gentechnik eine synthetische Form des Pocken-Virus herstellt, oder einen hochansteckenden und tödlichen Erregerstamm des Grippevirus. Laut Epidemiologen könnte ein sich schnell über die Luft ausbreitender Erreger mehr als 30 Millionen Menschen in weniger als einem Jahr töten. Insgesamt sehen unsere Zukunftsaussichten ja nicht so rosig aus, allerdings gibt es einen letzten Hoffnungsschimmer, hier nochmal in Kurzform: sofortiger Betrieb von Plasma-Geothermalkraftwerken, drastische Reduzierung aller Verbrennungsprozesse und Fleischkonsum, eigene Stromversorgung, Einführung von Wasserstoff, Umbau der Industrie und vor allem Umdenken im Konsumverhalten, zurück zu den Wurzeln und Weiterentwicklung von Bakterien zur Bekämpfung von Krankheiten, weg von Operationen und Pharmapillen. Bakterien wirken nicht nur im Darm. Ihre Stoffwechselprodukte beeinflussen das Immunsystem, die Knochen, Lunge, Herz, das Gehirn, unsere Gefühle und unser Handeln. Neben Milchsäure produzieren sie noch viele andere Stoffe, die den Körper beeinflussen: Zum Beispiel Enzyme, Hormone oder Antibiotika. Gerät das Gleichgewicht in der menschlichen Bakteriengemeinschaft durcheinander, wird der Mensch krank. Forscher beobachten eine Tendenz:

Je mehr Arten in unserem Ökosystem leben, desto seltener gerät es aus dem Gleichgewicht. Die Bakteriengemeinschaft hat sich im menschlichen Darm seit dem 20. Jahrhundert sehr verändert, vor allem durch die leitsinnige Einnahme von Antibiotika, einseitige Ernährung und zu viel Hygiene. Zivilisationskrankheiten wie Diabetes oder Asthma könnten auch mit dieser Veränderung zusammenhängen. Tatsächlich haben Studien diesen Zusammenhang schon nachgewiesen. Für die Entwicklung des Immunsystems ist es daher ausschlaggebend, dass der Körper Kontakt zu möglichst vielen Bakterien bekommt. Wir teilen unseren Körper mit Milliarden von Mikroben – und diese finden sich auch in Gebäuden, auf Oberflächen, im Hausstaub und in schwebenden Tröpfchen. Die Mikroben gelangen über abfallende Hautschüppchen, über unsere Atemluft und durch Verdunstung von Schweiß in die Luft und von dort aus in die Umgebung. Über Jahrmilliarden entwickelten sich Mikroben zu dem Leben, welches uns heute umgibt – unter anderem Insekten, Fische, Vögel, Säugetiere und den Menschen. Wenn doch Milliarden Bakterien in uns und auf us sind, sämtliche Gegenstände und die Luft mit unendlich vielen Milliarden Bakterien umgeben sind, ist es da nicht vorstellbar, dass wir nicht alle ferngesteuert sind? Nichts passiert zufällig. Wir sind als Bakterium geboren, wir sterben als Bakterium. Wir unterschätzten die Intelligenz von Bakterien, Viren, Pilzen und Parasiten. Anstatt sie mit der Chemiekeulen zu bekämpfen, müssen wir endlich beginnen, sie so einzusetzen, dass sie uns helfen. Bakterien pflegen komplexe soziale Beziehungen und kommunizieren aktiv miteinander. Dabei nutzen sie offenbar ähnliche Mechanismen wie die Nervenzellen im menschlichen Gehirn. Sie interagieren über durch Ionenkanäle vermittelte elektrische Signale. Ionenkanäle sind porenbildende Transmembranproteine, die elektrisch geladene Teilchen, die Ionen, das Durchqueren von Biomembranen ermöglichen. Auch diese Tatsache bietet auch ein Ansatzpunkt für die Entwicklung neuer Medikamente im Kampf gegen antibiotikaresistente Bakterien. Ist unser Gehirn ein „Quantencomputer"? Ist das Universum ein riesiges Gehirn?

Was ist Bewusstsein? Ist die Wissenschaft gerade dabei unser Weltbild für immer zu verändern? Ist Bewusstsein nur ein elektrochemischer Prozess im Gehirn, oder ist es wesentlich mehr? Schwingunsforscher Alexander Lauterwasser sagte jüngst in einem Interview:„Das Bewusstsein in seiner höchsten Form ist ein Resonanzphänomen." Einsichten und Ideen werden seiner Ansicht nach nicht im Gehirn produziert, sondern quasi heruntergeladen – und viele Wissenschaftler und Philosophen haben das auch persönlich genau so empfunden. Russische Wissenschaftler haben herausgefunden, daß die DNA des Menschen viel mehr kann als bisher angenommen. Fast 90% dieses Moleküls werden nämlich überhaupt nicht zur Eiweißsynthese benötigt, sondern dienen zur Kommunikation und als Informationsspeicher. DNA eine geradezu ideale elektromagnetische Antenne dar. Einesteils ist sie langgestreckt und damit eine Stabantenne, die sehr gut elektrische Impulse aufnehmen kann. Andererseits ist sie, von oben gesehen, ringförmig und damit eine sehr gute magnetische Antenne. Auf diese Weise kann unsere DNA elektromagnetische Strahlung (Licht) aus der Umwelt aufnehmen. Und was geschieht mit der aufgenommenen Energie? Sie wird ganz einfach in der DNA gespeichert, indem das Molekül in Schwingung versetzt wird, und zwar mit einer Eigenfrequenz von 150 Megahertz. (Wellengenetik). Mit Hilfe der Wellengenetik kann man genetische Veränderungen ohne die bekannten Gefahren der konventionellen Genetik durchführen. Das kann z. B. bedeuten, genetische Defekte zu reparieren, Krebszellen zur Selbstheilung anzuregen etc. Das „Heilmittel" ist in diesem Fall kein Medikament, sondern eine Information, ohne den DNA-Code vorher entschlüsseln zu müssen. Unser menschlicher Körper ist ja aus Zellen aufgebaut, in denen je ein DNA-Molekül enthalten ist. Wir wissen nun, daß wir auf diese Weise ständig Milliarden von Kommunikationsfühlern ausstrecken, diese Hyperkommunikation führen alle Lebewesen auf der Erde durch. Die Informationsmuster, die die DNA auf diese Weise empfängt, werden in einer Welle gespeichert, die als Trägerwelle der DNA fungiert.

Die Hyperkommunikation unterliegt keinen Beschränkungen und dient keinem bestimmten festgelegten Zweck. Sie stellt vielmehr eine Schnittstelle zu einem offenen Netzwerk dar – einem Bewußtseins- oder Lebensnetzwerk.

Genau wie beim Internet kann die DNA
- eigene Daten in dieses Netzwerk einspeisen,
- Daten aus diesem Netzwerk abrufen und
- einen direkten Kontakt zu anderen Teilnehmern des Netzwerks aufnehmen.

Die Erbinformationen unterschiedlicher Lebewesen können sich ebenfalls auf diese Weise untereinander austauschen. Die Hyperkommunikation ist damit eine erste wissenschaftlich nachweisbare Schnittstelle, über die die unterschiedlichen Intelligenzformen des Universums untereinander vernetzt sind. Die DNA ist ein riesiger Datenspeicher. Bioinformatiker der Universität Cambridge (Großbritannien) haben bereits vor vier Jahren gezeigt, dass es möglich ist, Informationen in künstlicher DNA zu speichern. Kürzlich haben Astronomen hunderttausende zuvor unbekannter Galaxien entdeckt. Sichtbar wurden sie in den ersten Daten der bisher umfangreichsten Himmelskartierung im Radiowellenbereich. Der europaweite Teleskopverbund „Low Frequency Array" (LOFAR) hat dafür den Himmel in einem bisher wenig erforschten Wellenbereich abgetastet. Neben den neuen Galaxien enthüllt die Himmelskartierung auch neue Details unter anderem zu Schwarzen Löchern und interstellaren Magnetfelder. Daher ist die Wahrscheinlichkeit für die Existenz von Leben auf anderen Planeten im Universum extrem hoch, denn das Universum besitzt eine unendliche Größe. Im Universum gibt es wahrscheinlich eine Handvoll intelligente Spezies, die den höchstmöglichen denkbaren technologischen Entwicklungsstand erreicht haben. Diese Wesen haben das Universum wahrscheinlich schon komplett erforscht und können in „Echtzeit" durch das Weltall reisen.

Um Tausende oder Millionen von Lichtjahren zu überbrücken, benötigen sie nur Tage oder Wochen. Wie kommuniziert das Weltall? Mit Schallwellen. Beispiele für elektromagnetische Wellen sind Radiowellen, Mikrowellen, Wärmestrahlung, Licht, Röntgenstrahlung und Gammastrahlung. Bei Schallwellen benötigen elektromagnetische Wellen kein Medium, um sich auszubreiten. Sie können sich daher auch über weiteste Entfernungen im Weltraum ausbreiten. Mobilfunkmasten, Handys, Radar- oder auch WLAN-Geräte senden elektromagnetische Wellen aus, bekannt als Handystrahlung. Neue Studien erhärten den Verdacht, seitdem auch die Weltgesundheitsorganisation (WHO) die Handystrahlung im Juni 2011 als "möglicherweise krebserregend" eingestuft hat, Wenn dann der Krebs tatsächlich zuschlägt - was immer häufiger der Fall sein wird -, ist eine Chemotherapie die ungesündeste Heilungsmethode, da ja auch alle guten Bakterien vernichtet werden. Es gilt gute Bakterien zu erhalten, zu vermehren und wirksam gegen die Krebszellen einzusetzen. Was helfen all die überteuerten chemischen Medikamente, wenn sie das Problem nicht an der Wurzel angehen? Es gilt ja als erwiesen, dass probiotische, essbare Bakterien den Darm reparieren, warum forschen wir nicht in Richtung zu manipulierenden, probiotischen Bakterien, die unseren Krebs und all die anderen Krankheiten heilen? Gezielt manipuliert und gezielt am Krebsort, ohne Nebenwirkungen Krebs bekämpfen. Erste Erfolge in diese Richtung zeigten der US-Amerikaner James P. Allison und der Japaner Tasuku Honjo, sie haben den diesjährigen Nobelpreis für Medizin bekommen. Sie fanden heraus, wie die natürliche Immunabwehr unseres Körpers Krebszellen bekämpfen kann. Allison und Honjo hatten zwei Proteine entdeckt, die wie eine Bremse auf das Immunsystem wirken und es somit davon abhalten, die Tumorzellen zu bekämpfen. Mit Immunhemmern kann die Bremse gelöst werden und die Immunzellen können die Krebszellen vernichten.

Mikroorganismen in Pillenform könnten in einigen Jahren Menschen helfen, die an schwer zu behandelnden Krankheiten leiden. Mit Bakterien heilen, die neue Mikromedizin wird sich die Natur zum Vorbild nehmen und neue „Bakterienmedikamente" zum Nutzen des Menschen auf den Markt bringen, ein Beispiel sei hier nur erwähnt, die Symbiose. Schon in der Urzeit entstanden die ersten Symbiosen mit bakterienartigen Lebewesen, die in der Lage waren Fotosynthese zu betreiben und sich andere bakterienartige Lebewesen einverleibt haben. So wie die gesamte Welt, Pflanzen, Tier und Menschenwelt aus Symbiosen besteht. Alle kommunizieren miteinander. Der Wald und die Pflanzen ober und unterirdisch, auch über viele KM verzweigtes Wurzel und Pilzsystem. Bei uns Menschen sind wir in Symbiose mit unseren Bakterien, die ja nicht nur in unserem Darm wirken. Ihre Stoffwechselprodukte beeinflussen ja unser Immunsystem, die Knochen, Lunge, Herz und das Gehirn. Neben Milchsäure produzieren sie viele andere Stoffe, die den Körper beeinflussen. Zum Beispiel Enzyme, Hormone oder Antibiotika. Gerät das Gleichgewicht in der menschlichen Bakteriengemeinschaft durcheinander, wird der Mensch schleichend krank in Form bis hin zu Geisteskrankheiten, Demenz, Alzheimer, Parkinson und jede Form von Krebs. Dass Darmbakterien mit der Psyche zusammenhängen, ist längst keine neue Erkenntnis mehr. Eine neue Studie zeigt: Bei Personen mit Depression fehlen bestimmte Bakterien. Dies ist auch hier ein neuer therapeutischer Ansatz. Die suche nach neuen Medikamenten auf Bakterienbasis muss weiter gehen, die etwa gegen Krebs oder Infektionskrankheiten verwendet werden können. Künstliche Intelligenz: in einigen Jahrzehnten ist unser Gehirn mit einem eingepflanzten Computerchip direkt mit dem Internet verbunden. Schon heute werden Implantate – so genannte Hirnschrittmacher zur Linderung der Symptome bei Parkinson-Patienten eingesetzt. Von da an ist es bis zur Erweiterung des menschlichen Intellekts durch eingepflanzte Computerchips nicht mehr weit.

Sie verbessern viele Gehirnfunktionen, von Gedankenabläufen bis zum Gedächtnis. Bereits im nächsten Jahrzehnt, könnten solche Implantate genutzt werden, sie sind über die Netzhaut mit dem Internet verbunden. Ein Mischwesen aus Mensch und Maschine ist dann perfekt. Diese technologische Veränderung wird unsere gesamte Welt verändern und beeinflussen. Ein neues digitales Zeitalter besteht uns bevor, jeder von uns und alles wird miteinander intelligent vernetzt sein. Intelligente KI Systeme werden in allen Bereichen dieser Welt eindringen. Das Zeitalter der Maschinen mit eigenem Bewusstsein beginnt. Mensch und Maschine verschmelzen miteinander. Viele Menschen werden zukünftig auch das Hochladen von Gedanken und das Leben in der virtuellen Welt als ebenso wichtig und real ansehen wie das biologische Menschenleben. Ich wünsche Ihnen noch ein schönes Leben und bleiben Sie gesund.

Zeitfracht Medien GmbH
Ferdinand-Jühlke-Straße 7
99095 Erfurt, Deutschland
produktsicherheit@kolibri360.de